Helge Folkerts

Frauenkreise

Feste, Feiern, Rituale
um die Heilige Mitte

Arun

Gedichte: Judy Grosch

Die Deutsche Bibliothek - CIP-Einheitsaufnahme

Folkerts, Helge:
Frauenkreise : Feste, Feiern, Rituale um die Heilige Mitte /
Helge Folkerts. - Engerda : Arun, 2000
ISBN 3-927940-63-1

Arun-Verlag, Ortsstr. 28, D-07407 Engerda,
Tel.: 036743/233-11, Fax: 036743/233-17,
e-mail: webmaster@arun-verlag.de; homepage: www.arun-verlag.de
Titelbild: Helge Folkerts.
Fotografien: Heiko Folkerts, Heiko Poppe, Helge Folkerts.
Band 3 der Reihe Edition Björn Ulbrich.
Gesamtherstellung: WB-Druck, Rieden.

ISBN 3-927940-63-1

wir lassen vom geheimnis uns erheben
der magischen formelschrift, in deren bann
das uferlose, stürmende, das leben
zu klaren gleichnissen gerann.

sternbildern gleich ertönen sie kristallen,
in ihrem dienst ward unserm leben sinn,
und keiner kann aus ihren kreisen fallen
als nach der heiligen mitte hin.

hermann hesse, gedichte, *das glasperlenspiel*

Inhalt

I. Elemente des Rituals

II. Feste, Feiern und Rituale im Jahreskreis

III. Rituale und Feiern zu persönlichen Anliegen

Vorbemerkungen

Vor einiger Zeit brachte das Bayerische Fernsehen einen Film mit dem Titel "Weise Frauen, das Geheimnis vergessener Rituale". Der Beitrag zeigte einige Bilder von Zeremonien unseres kleinen Frauenkreises. Daraufhin erhielten wir viele Anfragen von Frauen und Männern, die großes Interesse an Ritualen erkennen ließen. Offensichtlich besteht ein Bedürfnis nach spirituellen Erlebnissen. Aber es mangelt an Wissen und Vermögen, dieser tiefen Sehnsucht zum Ausdruck zu verhelfen.

Die vorgegebenen Angebote dafür werden häufig als erstarrt und entleert empfunden. Nur auf ein Nachvollziehen beschränkt zu sein, befriedigt wenig. Es mangelt an Möglichkeiten, sich sowohl innerlich, wie aktiv mitwirkend, an den Handlungen beteiligen zu können.

Selbst viele Feste haben ihren Sinngehalt weitgehend verloren. Wenn sie noch traditionell gepflegt werden, wirkt es oft wie Formen ohne Inhalte oder gar veraltet und überholt.

So werden wir immer wieder um Anleitungen zum Gestalten von Festen, Feiern und Ritualen gebeten. Vielleicht kann die Schilderung unserer langen Erfahrung mit Zeremonien all den Menschen helfen, die Ideen und Hilfen zu eigenen Vorbereitungen für feierliche Anlässe suchen.

Dieses Büchlein soll ein Ratgeber für die Praxis sein. Es vermittelt die sinnvollen Zusammenhänge, aus denen sich Feiern gestalten und beseelen lassen. Auch die verwendeten Mittel in ihren Bedeutungen werden beschrieben. Das eröffnet ein weites Spektrum, aus dem sich wieder Gehalt und Gestalt in die Feste und ins Leben bringen lassen.

Denn wir brauchen Kraftquellen, aus denen wir schöpfen können, die uns stärken, inspirieren und begeistern, die unsere Seele nähren. So sind die aufgewendeten Stunden für rituelle Feiern keine verlorene Zeit.

Viele der beschriebenen Rituale vollziehen wir in einer kleinen Frauenrunde, zu der mehr zufällig Nachbarinnen, deren Freundinnen oder Bekannte zusammengefunden haben. Einige Frauen kommen aus Familien mit Kindern, andere sind geschieden oder alleinstehend und berufstätig. Untereinander müssen unterschiedliche religiöse, konfessionelle und politische Ausrichtungen respektiert werden. Manchmal öffnet und erweitert sich der Kreis, wenn wir unsere Männer und weitere Gäste einladen. Ein paar der Zeremonien werden mit anderen Personen gefeiert. Das kann sich auf Reisen oder zu Festen ergeben. Alle Mitwirkenden bei den Feiern sind Laien, sie bringen keine der Aufgabenstellung nahestehende berufliche, therapeutische oder theologische Fachkompetenz mit.

Seit Jahren treffen wir uns im Frauenkreis, um Rituale vorzubereiten und zu feiern. Es geht uns darum, über Spiritualität nicht nur zu lesen, zu wissen oder zu reden, sondern sie zu *erleben*, um wirklich zu leben!

Für unsere Zeremonien bedienen wir uns der Mittel aus Symbolik und Mythologie. Dabei beachten wir bestimmte sinngebende Zuordnungen zu Jahres- und Festzeiten. Beim Entwickeln der rituellen Handlungen bewegen wir uns aber frei und undoktrinär und folgen unseren schöpferischen Impulsen und unserer Fantasie. Immer wieder fasziniert uns die Vielfalt der Gestaltungsmöglichkeiten. Das möchten wir auch anderen Menschen mitteilen und ihnen Mut machen, ihren spirituellen Weg und ihr Glück zu finden.

unser kleiner Gartentempel

elemdesente rituals

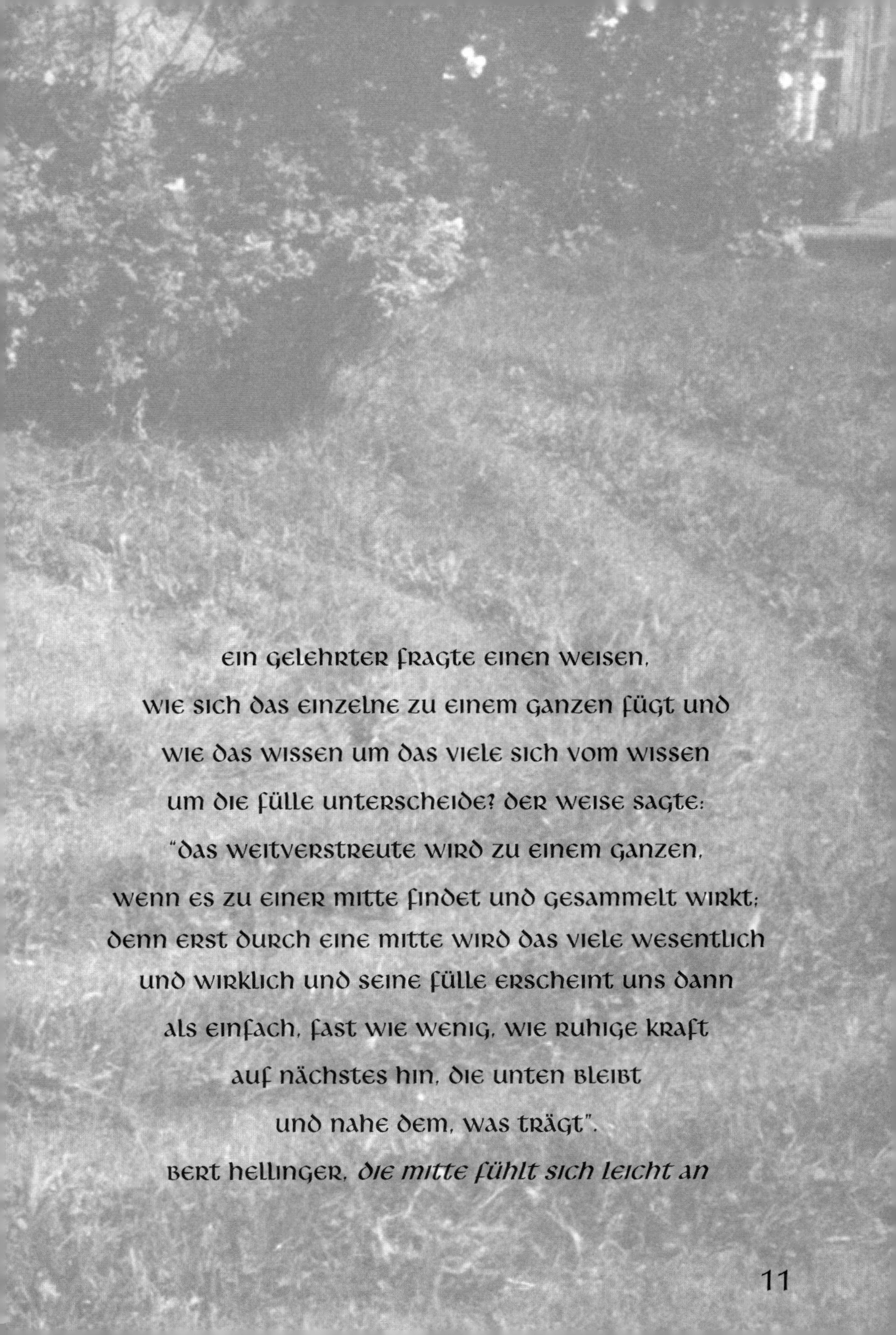

ein gelehrter fragte einen weisen,
wie sich das einzelne zu einem ganzen fügt und
wie das wissen um das viele sich vom wissen
um die fülle unterscheide? der weise sagte:
"das weitverstreute wird zu einem ganzen,
wenn es zu einer mitte findet und gesammelt wirkt;
denn erst durch eine mitte wird das viele wesentlich
und wirklich und seine fülle erscheint uns dann
als einfach, fast wie wenig, wie ruhige kraft
auf nächstes hin, die unten bleibt
und nahe dem, was trägt".

bert hellinger, *die mitte fühlt sich leicht an*

I. Elemente des Rituals

Die Heilige Mitte

Zu allen unseren Zeremonien gehört eine Heilige Mitte. Dazu werden passende, symbolträchtige Gegenstände zur Runde angeordnet und auf den Boden gelegt oder auf einen Tisch. Das ist das Zentrum für rituelle Handlungen. Die Symbolik der Heiligen Mitte ver-deut-licht und untermalt das Geschehen eines Festes oder Rituals.

Symbolik und Wirkung der Heiligen Mitte

Anregungen und Hintergrundwissen finden wir bei zahlreichen Ganzheitssymbolen aus allen Kulturkreisen. Im Urbild der Spirale, bei Labyrinthen, Steinkreisen, Trojaburgen, dem indianischen Medizinrad, den vielen prächtigen Mandalas oder kunstvollen Rosetten an Kathedralen, Kirchen und Tempeln, immer scheint es darum zu gehen, eine Beziehung zu Höherem, Göttlichem und zur eigenen inneren Welt auszudrücken oder zu verlebendigen.

So kommen wir dazu, auch für uns in heutiger Zeit, ein Symbol des Runden zu wählen und nennen es Heilige Mitte. Wir vertrauen auf die Kraft der Symbolik, die als Sprache der Seele, ohne erklärende Worte über die Wahrnehmung durch unsere Sinne verstanden wird, und ordnend, befreiend, erlösend, beglükkend und heilsam wirken kann.

Wie von selbst finden wir unseren Platz um das Sinnbild, fühlen uns im Kreis auch miteinander verbunden, gleichermaßen mitbeteiligt und zum Ort der Inspiration gerichtet. Wenn wir die Heilige Mitte umrunden, verändert sich unser Standpunkt. Alle Aspekte des Ganzen werden als ständig wechselndes Geschehen erlebt. Diese Vielseitigkeit erfordert unsere Aufmerksamkeit. Wir öffnen uns der magischen Wirkung des Runden, um selbst rund, ganz und heil zu werden. Vielleicht berührt uns dabei ein Hauch unserer "universellen Natur".

Gestaltung der Heiligen Mitte

Wenn möglich, erschaffen wir die Heilige Mitte gemeinsam. Das stimmt uns auf das Ritual ein und kann schon Teil desselben sein. Zum Ausgestalten verwenden wir die Gaben der Natur: die Blüten, Blumen, Zweige, Blätter, Grä-

ser, Ähren, Früchte, Beeren, Federn, Muscheln oder Steine. So ergibt sich, daß die Jahreszeiten in ihrem wichtigen Sinngehalt in der Heiligen Mitte vertreten sind.

Viele dieser Materialien haben neben ihrer natürlichen Bedeutung – eine Rose ist eine Rose – noch eine symbolische Qualität zu vermitteln. Die Rose ist dann Sinnbild für Schönheit, Vollkommenheit und Liebe, oder immergrüne Zweige wie Tannen, Zypressen und Efeu sind tröstliche Zeichen des fortbestehenden Lebens in Zeiten von Dunkelheit, Sterben und Tod.

Mit Symbolinhalten arbeiten wir auch bei den Kräften der Elemente, die als Erde, Feuer, Wasser und Luft/Duft in die Heilige Mitte kommen. Andere Bedeutungsträger sind Farben. Sie wirken in Stoffen, Tüchern oder sonstigen

Beigaben. Zu manchen Ritualen bringen wir individuelle Symbole mit, um sie in die Heilige Mitte zu legen.

Bei erstmaligen Versuchen, die Heilige Mitte zu gestalten, wird mit wenigen Symbolen begonnen, die schon bekannt sind, und die zur beabsichtigten Feier eine innere Beziehung haben. Das Wissen und das Gespür für angemessene Mittel wächst mit der Übung. Ungeahnte schöpferische Kräfte finden bald ein beglückendes Spielfeld sich zu offenbaren, wenn Mut zum Wagnis und Experimentierfreude aufkeimen. Oft gelingt eine stimmige Mitte erst nach und nach, indem Veränderungen ausprobiert werden.

Die hier in Bildern gezeigten Heiligen Mitten mögen zur Anregung dienen. Sie sind nicht im Sinne einer ästhetischen Kunstwirkung zu werten. Ihre Absicht steht dem Kultischen im Ritual nahe und soll uns dazu stimulieren.

Bedeutung der Jahreszeiten

Unser Leben ist eng verbunden mit allem was in den Jahreszeiten geschieht. Aufmerksam nehmen wir die wechselnden Botschaften wahr von Frühling, Sommer, Herbst und Winter und tun gut daran, sie zu beachten. Werden doch die Erfolge unserer Handlungen auch von der richtigen Zeit dazu mitbestimmt.

Im Sommer sind wir mehr nach außen gerichtet, wagen uns eher an ausgreifende Aktionen. Der Winter läßt die Lebensgeister ruhiger werden. Wir ziehen uns ins warme Haus zurück, wenden uns den inneren Räumen zu und sammeln neue Kräfte.

Nachdem wir eine Weile mit den Bedeutungen der Jahreszeiten beschäftigt waren, finden wir zum Sinn und Geheimnis des Jahreslaufs in astrologischen Monatsbeschreibungen. Darin ist das Jahr in 12 Sternbilder unterteilt, die ganz bestimmte Qualitäten repräsentieren. Nun beziehen wir diese Differenzierung in unsere Ritualgestaltung mit ein.

Alle Zeremonien, auch die winterlichen, werden draußen in der Natur gefeiert. Niemals mehr, als in unserer Zeit, war es wichtiger, ein besseres Verständnis für Natur und Umwelt zu entwickeln. Das erste Zeichen unserer Liebe ist die Zuwendung. Wir hoffen, daß von unserem Tun eine gute Wirkung ausgeht. Im Freien erleben wir eine Resonanz durch das, was wir nicht machen können, sondern was geschieht. Für uns sind es Antworten der Natur, Zeichen, die wir deuten, die uns noch eine andere Ebene spüren lassen, uns mit größeren Kräften verbinden.

Der Festkalender ist ein guter Anhalt, dem Verlauf des Jahres zu folgen. Das überlieferte Brauchtum enthält viele gute Anregungen zur Gestaltung unserer Zeremonien, wenn wir den tiefen Hintergrund erkennen und für unsere Vorstellungen umformen.

Wir feiern die großen Jahreszeitenfeste zu verschiedenen Tageszeiten, bei Sonnenaufgang, bei Vollmond, zu Neumond, am Mittag, oder Abend, wie es dem Fest am ehesten entspricht. Nicht immer sind die Wetterverhältnisse oder sonstige Bedingungen günstig. Oft muß plötzlich umgeplant, vielleicht ein Teil des Rituals ins Haus verlegt werden. Immer gilt es, beweglich zu bleiben, sich umstellen zu können und bestmögliches zu versuchen. Manchmal entsteht dann aus dem Weniger ein Mehr.

"Mythologische Bilder" zum Jahreslauf

Längere Zeit sind wir mit dem Sinngehalt des Jahreskreises befaßt. Dann entsteht der Wunsch, die Erfahrungen vor einem anderen Hintergrund zu verdeutlichen. Wir beschäftigen uns mit Mythen und Märchen und entdecken die Schatzkiste kultischer Traditionen. Vor allem faszinieren uns die Bilder der großen Göttin. In Ritualen identifizieren wir uns mit den verschiedenen Erscheinungsformen des göttlich´ Weiblichen. Wir lauschen den Botschaften, wenn im Frühling die Mädchengöttin, im Sommer die reife segenspendende Frau und im Winter die alte Weise in unsere Mitte kommen.

Bei allen diesen Feiern bleiben die Gestaltungsmittel und Bedeutungsträger aus dem jahreszeitlichen Spektrum erhalten. Sie sind weiterhin unsere Grundlagen. Nur wird jetzt ihr Sinngehalt erweitert und auf etwas anderes, wie hier die mythologischen Bilder, übertragen. Darin liegt die Faszination von Symbolik. Sie taugt für mehrere Ebenen. Das hat den Vorteil, daß jedermann/frau den ihm/ihr zugänglichen und verständlichen Teil aufnehmen kann. In jedem Ritual ist es möglich, bei der jahreszeitlichen Deutung zu bleiben, oder sich der symbolträchtigen Interpretation zuzuwenden. Die angeführten praktischen Beispiele bringen in jedem Kapitel erst die jahreszeitlich orientierten Feiern und anschließend die nach mythologischen Bildern gestalteten Rituale.

Lichtsymbolik

Ein Element unserer Rituale ist die Symbolik des Lichts. Sonne, Mond und Sterne sind Himmelskräfte und folgen beständigen Ordnungen. Mit dem Lauf der Sonne erleben wir Hell- und Dunkelphasen während des Tages und im Jahresverlauf und diese schärfen unser Bewußtsein für unterschiedliche Zeitqualitäten.

Die Sonnen-Zeichen

- ○ kreis
- | senkrechte
- — waagerechte
- + kreuz
- × malkreuz
- ⌒ bogen
- spirale

Aus dem Wissen um die Veränderungen können uns Trost und Zuversicht erwachsen und die Einsicht, im "kosmischen Reigen" mitzuschwingen.

In den Ritualen wird das Lichtelement in seiner Größe auf die Jahreszeit abgestimmt. Wenn die Sonne von Lichtmeß an zunimmt, wachsen die Lichter mit, vom zarten Funken in kleinen Teelichtern zu größeren Kerzen und Feuerchen beim Winteraustreiben, als Osterfeuer, Hexenfeuer zu Walpurgis bis hin zum großen Sonnwendfeuer. Nach der Wende wird die Strahlkraft der Sonne schwächer und somit unser Licht wieder kleiner. Zu Martini geht es in die Laternenumhüllung, wird fast unsichtbar, selbst in den roten Hüllen der Totenlichter auf den Gräbern zu Allerheiligen. Erst zur Wintersonnwende, zu Weihnachten erstrahlen viele Kerzen am Tannenbaum. Wir feiern die Neugeburt des Lichts.

Sonnensymbolik

Schon in Urzeiten haben unsere Vorfahren aus der Sonnenverehrung eine Zeichensymbolik entwickelt, die wir in vielen Kulturen wiederfinden. Der Verlauf der Sonnenbahnen wird in bildhaften Formen dargestellt wie Kreis, Senkrechte, Waagerechte, Kreuz, Malkreuz, Bogen, Spirale und alle Geflechte. Sie zeigen das tägliche Auf und Ab, wie jahreszeitliches Kommen, Gehen und Wiederkehren an. Immer haben die Menschen dieses Wechselspiel auf die Entwicklungen und Ereignisse in ihrem Leben bezogen. Die Bilder der Sonnenauf- und -untergänge mit ihren Hell- und Dunkelzeiten im Gang durch das Jahr werden zum Gleichnis für Kindheit, Jugend, Erwachsenenzeit, Alter und Tod. Das gilt auch für einzelnes Geschehen im Dasein, wie Glück und Unglück, Gesundheit und Krankheit, gut und schlecht. Die Ursymbole sind wie ein Spiegel des Erkennens, um diese Verbundenheit des Jahreslaufs mit dem Lebenslauf des Menschen zu verdeutlichen. Und sie trösten und ermutigen! Sie versinnbildlichen, wie es nach jedem Unten wieder aufwärts geht.

Aus der Bewegung der Sonne sind die genannten Formen entstanden. Außerdem übermittelt die Sonne noch eine besondere Qualität. Sie ist das höchste Lichtprinzip und darin schon immer als heilig gewertet worden. Alle Ursymbole sind somit heilige, heilbringende Sinnbilder.

In unserer Heiligen Mitte erhalten sie stets einen guten Platz.

Texte

Zu allen rituellen Feiern können Texte mitverwendet werden. Sie untermalen den Sinn, ergänzen oder vervollkommnen die gehegten Absichten. Wenn mit Ritualversuchen begonnen wird, helfen sie, Unsicherheiten und "Leerräume" leichter zu überbrücken. Später, mit einiger Übung, genügen ein paar treffend formulierte persönliche Worte von Beteiligten. In dieser Schrift wird darauf verzichtet, eine entsprechende Literaturliste anzuführen. Es gehört zur Vorbereitung der Rituale, geeignete Texte zu finden, seien es Anrufungen, erläuternde Sätze, Gedichte, Sprüche oder Ausschnitte aus Dichtungen. Die Suche danach kann viel Spaß machen und die eigene innere Einstimmung beleben.

Kleidung

Wir tragen zu Ritualen keine besondere Kleidung, aber es hat sich ergeben, daß wir bestimmte Farben bevorzugen. Sie orientieren sich an den später beschriebenen Grundfarben weiß, rot, schwarz. Im Frühling wählen wir zu den

Festen helle Kleidung, im Sommer schmücken uns rote Farben und im Winter bleiben wir bei dunklen Tönen.

Tanz

Viele Feiern und Zeremonien werden durch Tänze belebt. Anregungen dazu erhalten wir aus der Tanzbewegung für eine erneuerte Tanzkultur. Ob Kreis-, Gebets- und Jahreszeitentänze, meditativer, sakraler Tanz, einfache Reigen, freies Tanzen nach klassischen und folkloristischen Melodien oder selbstgesungene Weisen, sie sollen dem Sinngehalt eines Festes entsprechen, uns in Bewegung bringen, äußerlich und innerlich. Neben vielen vorgegebenen Tanzchoreographien, gestalten wir auch Tanzformen nach Bedarf selber.

Das erfordert sensible Einfühlung, bis Inhalt und Form eines Rituals übereinstimmen.

Stille

Unser Aktivsein nach außen bedarf auch, wie die auswärtsdrehende Spirale beim Tanzen in der Umkehr zur Mitte, der Hinwendung zur Innenwelt.

Oft gehören Zeiten der Stille zu den Ritualen. Das können Meditationen im strengen Stil des ZEN sein oder formlose Ruhemomente im Sitzen oder Stehen. Manchmal sind ein paar Körper- und Atemübungen hilfreich, die in einfaches vokales Tönen übergehen. Das öffnet in uns die Welt der Klänge und Harmonien, bis wir selbst darin mitschwingen.

Kultessen, Festschmaus

Essen und Trinken hält Leib und Seele zusammen, und so genießen wir bei allen Treffen darauf abgestimmte Speisen. Wenn möglich, bereiten wir sie selbst zu. Die Erfahrung zeigt, daß die Vorbereitungszeit für eine Zeremonie zu einer wichtigen kreativen Phase wird, in der wir noch Klärungen zum Verlauf finden, oder Stimmigkeiten in der Gestaltung verfeinern können. Da wir alle in unsere Tagespflichten eingespannt sind, ist es fast eine Lebenskunst, Zeit für rituelles Tun zu erübrigen, so daß oft Gutes mit Nützlichem verbunden werden muß. Unser Essen richtet sich nach dem gegebenen Anlaß. Es gibt karge Wochen mit kleinen sparsamen Genüssen. Zu großen Festen und in Zeiten der Fülle kommen vielerlei Speisen auf den Tisch. Oft sind es die jahreszeitlichen Gaben, die uns zum rechten Zeitpunkt angemessen sättigen. Viele Speisen sind nach Farben oder Formen ausgewählt. Das ist bei manchen Gebäcken so, die als Sinnzeichen zuerst die Tischmitte schmücken und danach Leib und Seele erquicken.

Ablauf eines Rituals

Mit der Zeit haben sich für den Verlauf von Ritualen Formen herausgebildet, die als Anhalt dienen können.

Vor Beginn einer Zeremonie kommen wir in der Nähe des vorgesehenen Feierplatzes zusammen, begrüßen uns und tauschen aus, was noch wichtig ist. Oft bringen wir allerlei mit, was zum Ritual benötigt wird. Den weiteren Weg gehen wir schweigend, der umgebenden Natur zugewandt, deren Sprache lauschend. Manchmal schickt sie Botschaften, Zeichen des Himmels, im Regenbogen über dem See, im Wolkenloch, aus dem gerade jetzt die Mondin hervorlugt, im Gurren einer Taube, die weder vorher noch später gehört wird, im Brausen einer Windboe, obwohl es sonst windstill ist. Wir schauen uns verständnisvoll lächelnd an und fühlen uns angenommen. Am Platz schmücken wir die Heilige Mitte miteinander, entzünden die Lichter und stellen uns in die Runde.

In Stille begrüßen wir den ausgewählten Ort sowie die Umgebung und laden alle waltenden Kräfte und Wesen dieser Gegend ein, in unsere Mitte zu kommen und mit uns zu feiern. Auch wir kommen innerlich an. Eine Räucherzeremonie reinigt und weiht die Heilige Mitte, den Umkreis und alle Feiernden. Der wunderbare Blüten- und Kräuterduft aus Salbei, Lavendel, Rosen-, Holler- und Lindenblüten verwandelt den Kreis, öffnet einen weiteren Raum in und um uns. Mit einem Gedicht oder Spruch und in wenigen Worten erläutert eine der Frauen das Motiv des Rituals. Es folgen die rituellen Handlungen, an denen alle beteiligt sind: das können Texte, eigene Worte, Gesten, Tänze oder Visualisierungen sein. Auch ein "kultisches" Getränk gehört dazu. So lieben wir Hollersekt, Honigmet und selbstgebraute Säfte, wobei nie vergessen wird, auch den Wesen des Platzes ein paar Tropfen zu spendieren. Mit einer Dankesgeste, oft getönt oder gesummt, beenden wir die Zeremonie. Einiges vom Schmuck, vielleicht ein Licht oder Symbolgebäck bleibt dem Platz, den Wesen und Tieren gewidmet.

Das gemeinsame Essen kann nicht immer draußen stattfinden, dazu treffen wir uns am vorbereiteten Tisch im Haus. Eine Heilige Mitte – auch hier – wird mit einigen Symbolen von draußen ergänzt, damit die Beziehung zum Ritual erhalten bleibt. Aussprachen und Berichte untereinander werden in der Geborgenheit des schützenden Raums vertieft. Fröhlichkeit kommt auf und belebt die Gemeinschaft. Dennoch bemühen wir uns, die Sinngebung des Rituals nicht zu verlieren. Weitergehende Unterhaltungs- und Mitteilungsbedürfnisse können zu einer anderen Gelegenheit wahrgenommen werden, vielleicht bei einem Teestündchen oder Frühstückstreffen.

im Jahres

II

feste feiern rituale

KREIS

Der Jahreskreis

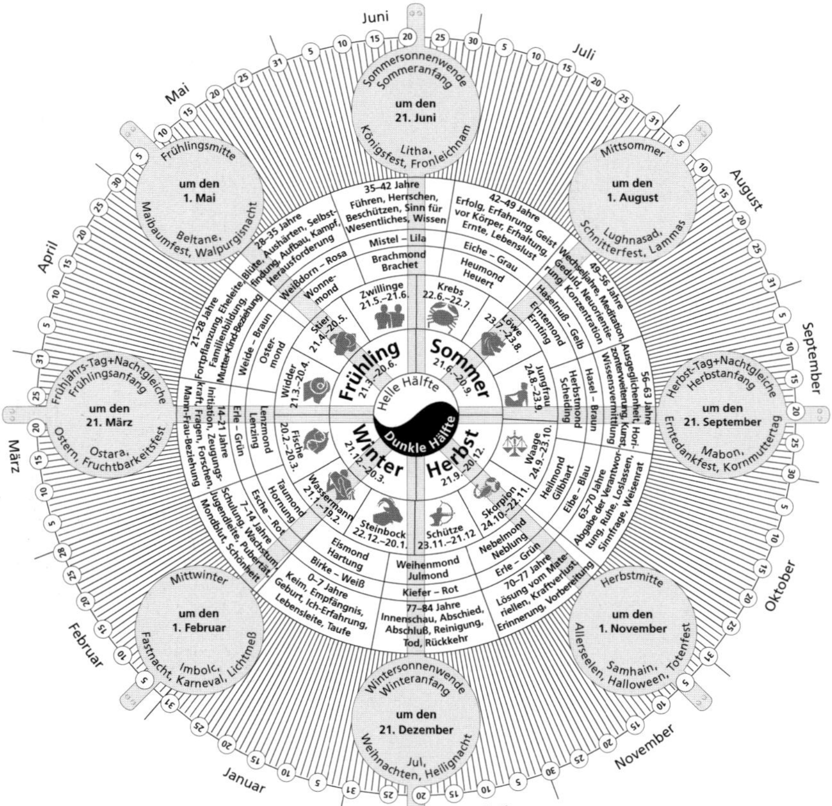

licht
mess

Lichtmeß

Das Licht der aufsteigenden Sonne hat nach der Wintersonnwende bis Lichtmeß am 2. Februar merklich zugenommen. Am Tag bleibt es eine Stunde länger hell. Ein guter Anlaß, das neue Licht zu begrüßen, es zu feiern, auch unseren inneren Funken zu erwecken und zu stärken.

Draußen beginnt der Saft in den Bäumen zu steigen, ein Zeichen des Lebendigwerdens in der Natur. Elementare Triebkräfte brechen auf. Das Brauchtum zu "Valentin", am 14. Februar, *- man schenkt sich Blumen und übt Liebesorakel -*, zeigt, welche "Säfte" auch in uns lebendig werden. "FA" heißt zeugen und FAsenacht, FAsching, FAstnacht lassen noch heute ahnen, welche Kultfeste einst gefeiert wurden. Jedenfalls sind die stillen Tage des Sinnens vorbei. Vielleicht erweckt ein lustvolles Faschingsritual unsere Lebensgeister.

Die Heilige Mitte zu Lichtmeß

Ein weißes, zur Runde gelegtes Tuch – Sinnbild für Leere und Kargheit, noch nicht offenbartes Leben – bildet unsere Heilige Mitte. Wir sind sparsam mit Symbolen, vielleicht eine Kristallkugel in ihrer gläsernen Durchsichtigkeit, die auch gut zum Zeichen Wassermann und dem zugeordneten Luftelement paßt, dazu eine weiße Lilie zum Neubeginn, etwas Grün als Hoffnungsträger. Die Lichter sind noch klein, Teelichter, oder kurze dicke Kerzen. Als Gebäcke fertigen wir spiralförmige Gebilde zum Zeichen der wieder aufsteigenden Sonnenbahn.

Wenn eine Lichtmeßmitte stärker mit den Faschingsqualitäten ausgebildet werden soll, wählen wir entsprechend andere Symbole, vielleicht allerlei Herzformen. Sie werden gebacken oder aus Pappe geschnitten und bemalt. Viel Spaß macht es, wenn jedes Herz von allen in der Runde mitkreiert wird. Es ist spannend, was da herauskommt! Auch selbstgebundene rotleuchtende Seidenpapierblumen können geeignet sein, die Liebestriebe zu versinnbildlichen.

Lichtmeßritual

Zum Lichtmeßritual bringen alle eine geschmückte Jahreskerze mit, ein persönliches Licht, das zu guten Stunden leuchten, vielleicht erleuchten soll. Ein weiteres Kerzenbündel ist für den Gebrauch im Verlauf der Monate bis Weihnachten bestimmt. Alle gesammelten Kerzenreste des vergangenen Jahres haben wir in Gläsern zum großen Lichterkreis aufgestellt. Um die geschmückte

Mitte im Zentrum dieses Platzes weihen wir, in einem kleinen Ritual mit Anrufungstexten und Segensprüchen die neuen Kerzen.

Wir entzünden unser persönliches Licht und tragen es im Spiraltanz; Windung für Windung; von der Heiligen Mitte hinaus zum äußeren Lichterkreis, der den Jahreslauf, die auf uns zukommende Zeit, symbolisiert. Hier wollen wir unsere "Leuchtkraft" anbieten. Dabei schreiten wir zu den vier sogenannten Heiligen Richtungen. Ihnen sind die Jahreszeiten zugeordnet.

Erneuerung

im lauf des herbstes war sie alt geworden,
fahl und spröd das einst lebend´ge haar.
mit müh' ging sie den grauen hang hinauf
und legte sich in ihre mulde,
gefaltet an sich arm und bein.

drei monde weilte sie bei ihren träumen,
bis sie wieder zu sich fand.
als dann die sonne sie mit zarten zünglein küsste,
ihr winterbett zum schmelzen bracht'.
erhob sie sich
und lief hinab zum see und sah hinein:
da wuchsen blaue blumen in ihr welkes haar.

Im Osten, der Richtung des Sonnenaufgangs, rufen wir den Neubeginn des Frühlings; im Süden entfaltet die Sonne ihre stärkste Kraft, wir rufen die Blüten des Sommers; im Westen, zum Sonnenuntergang, rufen wir die Erntezeit des Herbstes und im Norden reist die Sonne durch die Jenseitswelt, wir rufen die Weisheit, die aus der Stille kommt in den Tagen des Winters.

Nachdem wir die Kräfte der Jahreszeiten geehrt und unser Mitwirken zugesagt haben, erhoffen wir einen glücklichen Verlauf für die eigene und die allgemeine Entwicklung.

Im Haus genießen wir als Stärkung sahnegefüllte Windbeutel zu einem Schluck Perlwein, den grüner Tee ergänzt. Helles und Luftiges symbolisiert die Qualität der Lichtmeßzeit. Die Heilige Mitte auf dem Tisch wird von unserer eigenen Lichtmeßkerze erhellt. Vom Ritualplatz draußen glänzt der Schein des großen Lichterkreises herein. Ein wundervolles schönes Bild, das uns beeindruckt und bis spät in die Nacht hinein erfreut. Vor dem Nachhauseweg lockt es uns noch einmal hinaus in die Lichtrunde. Wir genießen den Platz, jede für sich im eigenen Fühlen.

Die Mädchen-Göttin

In den religiösen Traditionen gibt es viele Bilder für die Gestalt der jungen Göttin. So kennen wir die Jungfrau Maria, im keltischen Irland die heilige Brigit, im germanischen Raum Freya und Ostara, im antiken Griechenland Kore und Aphrodite, aus frühchristlichen Überlieferungen Sophia oder aus Tibet und Indien die Tara. Sie erscheinen in strahlendem Weiß, als Frühlings- oder Mädchengöttinnen, und ermuntern uns von Zeit zu Zeit mit ihnen jung zu sein. Das ist keine Frage des Lebensalters, sondern die einer inneren Haltung. Die Natur zeigt es mit jedem Frühling, immer ist Neubeginn! Nach dem Winter oder den Dunkelzeiten des Lebens tun wir oft gut daran, neu anzufangen.

Die Göttin mit den Feuerzungen

Zum Lichtmeßritual leitet uns diesmal die irische heilige Brigit, die als Feuerhüterin und mit Flammenzungen über dem Haupt ihre Göttinnenabkunft erkennen läßt. Mit einem kleinen Feuer in einem Metallgefäß wollen wir in der Dunkelheit unseres Winterplatzes das innere Feuer, unsere Energien, erwecken. Wir tragen die Glut hinaus auf die freie Wiese und entzünden an ihr viele Lichter. So sollen unsere inneren Funken sprühen und leuchten, ins Leben und in die Welt hinein.

frühling und oster

neues

ich ergrüne heut'
zum vogelgesang am morgen,
strecke zarte finger hinaus
aus meinem welken wintermuff.
noch feucht vom grünen saft,
ertasten sie die sonnenwärme
und greifen nach dem wind.

zeit

Reiz des jungen Lebens!
Was werde ich finden
für mich zu fassen,
halten, wieder gehenlassen,
auf meiner neuen Runde?

hörst du nicht?
das leben pocht!
mach auf die tür
sonst bleibst du weiter eingesperrt.

erwachen

wenn du jetzt nicht aufwachst
und die frühlingssäfte steigen lässt,
wo bleiben dann die blüten deines sommers,
und die früchte, die du ernten willst?

Frühling und Osterzeit

Wenn die Sonne am Himmelsbogen weiter emporstrebt, hat sie am 21. März die Hälfte ihres jährlichen Aufstiegs zurückgelegt. Tag und Nacht sind gleich lang. Wir feiern den Frühlingsbeginn.

Zu dieser Widderzeit walten vitale Kräfte draußen in der Natur, vielleicht auch in uns. Es drängt uns zu Taten, am liebsten alles auf einmal, noch unreflektiert, mehr dem Zufall gehorchend. Überall gibt es zu tun. Haus, Wohnung, Garten oder Feld wollen bestellt werden. Vielleicht ist emotionales Brachland in uns zu beackern. Im Ritual klären wir, welcher Samen gesät werden soll in äußeren und inneren Gärten. Vielleicht keimt schon lange ein Wunschsamenkorn in uns, das endlich ins Dasein wachsen will. Wir schaffen Raum für die Impulse spontaner Lebensfreude und öffnen uns dem Geschenk der Zu-Fälle.

Die Heilige Mitte im Frühling

Die Tücher, Blumen und Kerzen sind weiterhin in hellen Farben gehalten, von weiß bis hellgrün, hellgelb oder rosa, wobei der Widderkraft im Feuerelement auch etwas gold zukommen kann. Vielleicht legen wir eine Goldbandspirale in die Heilige Mitte oder golden bemalte Eier. Wenn Liebe und Leben im Mittelpunkt stehen, sind die Eier rot gefärbt. Als Gebäcke fertigen wir Symbole der Zeugungskraft und Fruchtbarkeit, Widder, Hahn, Huhn und Küken wie auch Sonnenspiralen aus hellem, süßem, vanilleduftendem Mürbeteig. Für die Heilige Mitte im Frühling können auch andere Sinnbilder gewählt werden, wenn sie dazu passen.

Frühlingsritual

Den Frühlingsanfang feiern wir Freundinnen mit unseren Familien, den Männern und Kindern, Omas und Opas, auch Nachbarn und mit eingeladenen Gästen im erweiterten Kreis. Ein Feuerstoß ist aufgerichtet, zu dem die ausgedienten Adventskränze und Weihnachtsbäume mitgebracht wurden. Die Kinder haben aus alten Kleidern und Stroh eine Puppe gebastelt. Sie kommt als Wintersymbol oben auf den Holzstoß. Ein sonniger Nachmittag begünstigt das Fest, alle sind erwartungsfroher Laune. Bald brennt das Verwandlungsfeuer lichterloh und schleudert die Funkenfetzen des brennenden Winters himmelwärts. Wir greifen zu den Trommeln, schlagen den Rhythmus zu einem wilden Stampftanz ums Feuer, Jubel und Gelächter erfüllt die Runde und lautes Geschrei der Kinder: "Hei so treiben wir den Winter aus!" Dann ziehen alle aus, das Frühlingszeichen zu suchen, ein aus Buchs- und Haselzweigen gebundener Stecken mit

Brezeln und Bändern geschmückt. Er wurde zuvor im nahen Wald versteckt. Die Kinder eilen voraus und triumphierend schwingen sie den gefundenen "Zauberstab", der alle Winterunbill vertreiben wird und nun im Zug über die große Wiese zum Klang von Glöckchen und Frühlingsliedern die Naturwesen aus dem Winterschlaf erwecken soll.

Jetzt versammeln sich alle um die Heilige Frühlingsmitte, in deren Zentrum der Buschen eingesteckt wird. Auf hellem Tuch zwischen Efeu, Buchs und zarten Primeln leuchten kleine Lichter. Das kräftige Rot gefärbter Eier lacht uns verheißungsvoll an. Auf goldenen Deckchen liegen feine Gebäcke. Ihr würziger Duft steigt uns in die Nasen. In fröhlicher Stehrunde genießen wir Gebackenes und Eier zu Frischkräutertee aus den ersten Sprossen von Melisse, Salbei, Schlüsselblume, Huflattich und Beinwell. Ein paar Musikanten unter uns animieren mit ihren Instrumenten zu fröhlichen Tänzen.

Wir haben symbolisch den Aufbruch, den Übergang vom Winter zum Frühling vollzogen. Das stärkt uns und hilft den Schwankungen und Rückschlägen in der Natur draußen und vielleicht auch in unserem Leben zu widerstehen.

Ritual zum Freya-Tag

Der Kar-Freitag ist uns heilig. Ein Frauentag! Er trägt den Namen der Frühlingsgöttin Freya. Wir wandern vor Sonnenaufgang hinaus zum Frechensee (Freyasee), dem versteckt und romatisch schön gelegenen Gewässer bei den Osterseen. Die Frühlingsgöttinnen Ostara und Freya sind mit uns. Überall unter schützenden Baumstämmen haben sie ihre Zeichen in blau und gelb leuchtenden Blüten ausgestreut, an deren Hoffnungsschimmer wir uns erfreuen. Am Seeufer angelangt, vollziehen wir ein Reinigungsritual und begrüßen die aufgehende Sonne. Drei junge Birken am Rande einer schmalen Halbinsel gewähren uns windgeschützte Sitzplätze. Wir schmücken eine kleine Heilige Mitte. Rote und goldene Marzipaneier glänzen im Moos um einen frischgebackenen Osterfladen, der uns laben wird. Köstlich duftet und wärmt heißer Frischkräutertee. Vor uns auf dem See steigen Nebel wie Schleier der tanzenden Göttin zur Sonne auf. Das zauberhafte Spiel vor unseren Augen belebt unsere Fantasie, und wir verwandeln uns in Gespielinnen der Göttin. Als es gilt, ihr Reich zu verlassen, erbitten wir eine Rune als Heilszeichen, das uns bis zum Sommer als Geschenk der Göttin begleiten und an sie erinnern soll.

Zu Ostern wird das grünende und blühende Leben gefeiert, das in Gärten, Feldern und Wäldern erwacht ist und hoffentlich auch in uns.

Osterfeuer und Osterkerzen beschwören die oft noch wechselhaften Sonnenkräfte. Wir backen Osterhasen, Blumen- und Lebensbaummotive für die österliche Festtafel oder eine Heilige Mitte.

maienzeit

Maienzeit

Draußen ist es lange hell, die Sonne schenkt uns schon manchen warmen Tag. Es grünt und blüht rundum, Vogelgesang erfüllt die Lüfte, es ist wie ein großes Offenbarwerden in der Natur. Uns drängt's hinaus, die Pracht zu sehen, zu spüren, zu feiern! Wir tanzen in hellen Kleidern und mit frischen Kränzen geschmückt auf einer Wiese, denn auch unsere Schönheit will sich darstellen und soll gefeiert werden. Wir widmen die Tanzwirbel und Musikklänge den hilfreichen Naturwesen, die sich, nach altem Wissen, daran erquicken.

Vom Blütenzauber angeregt, beginnen wir, unsere noch heimlich "schwellenden Knospen" anzuschauen. Was von den Vorhaben und Wünschen zeigt Blütenansätze? Sie sollen nicht ungesehen dahinwelken. Wie können wir sie hegen und pflegen, damit sie gedeihen und Früchte tragen? Diese Fragen bringen wir im Ritual in die Heilige Mitte, sprechen und beraten darüber und motivieren und unterstützen uns gegenseitig. Die wachsenden Kräfte in der Natur sind uns Sinnbild für die auch in uns jetzt aufsteigenden Energien. Das läßt uns munter "ans Werk" gehen und unsere Vorhaben zuversichtlich anpacken.

Bald schon naht Pfingsten – das liebliche Fest – und es beginnt die "Hohe Zeit" des Jahres.

Die Heilige Mitte im Mai

Unser Tuch für die Heilige Mitte ist weiß, rosa oder hellgrün. Diese Zwischenfarben können Übergänge kennzeichnen. Generell begleitet die Farbtriade weiß, rot und schwarz den Jahreslauf. Auch sie ist aus der Sonnensymbolik hergeleitet. Zum Frühling gehört weiß, das Licht ist noch schwach und blaß. Im Sommer herrscht rot, jetzt hat die Sonne ihre volle Pracht und Macht entfaltet. Im Winter entschwindet sie hinter den Bergen, draußen bleibt's lange dunkel, Schwarz regiert. Wenn wir mit Farben arbeiten, sind wir auch in den Abwandlungen stets mit den Bedeutungen dieser drei Hauptsymbolfarben verbunden und verwenden sie entsprechend.

Bei Ritualen im Freien entstehen oft kleine, improvisierte Heilige Mitten. Wir nehmen die vorhandenen Gaben der Natur, vielleicht einen Blütenzweig, einen Stein, eine Muschel am Seeufer, eine Feder, einen Halm oder eine Ähre. Der Zauber des Zufälligen sollte mitspielen dürfen. Nicht die Menge wirkt. Wichtige Botschaften können verdichtet mitgeteilt werden, eine Rose, ein Blatt, ein Symbol. Es geht um den Sinngehalt, nicht um Vielfalt.

... wenn aus harter knospenhülle
jauchzend jung das grüne bricht.
und des lebens reichste fülle
sich entfaltet an dem licht.

wenn des schöpfers grosses werde
neu den ganzen reichtum schafft,
giesst die sonne auf die erde
ihre stärkste formenkraft. ...

dante, *göttliche komödie*

hexennacht

Walpurgis hexennacht

Alle aufsteigenden Spiralen, wie sie Maibäume umwinden, sind Symbol für die aufsteigende Sonnenbahn. An Stöcken oder auf Kerzen aufgemalt, bringen sie diesen Sinngehalt in die Heilige Mitte.

Zur Maienzeit gehören Blumen- und Lebensbaummotive wie Sonnengebilde und Herzformen.

Für das Pfingstfest fertigen wir Taubensymbole. Sie gelten als Vermittler des göttlichen Geistes oder als Friedensboten. Ihre jahreszeitliche Zugehörigkeit zum Frühsommer zeigt aber deutlich die Beziehung zum Liebesgeschehen (*vögeln*). Als Boten für Herzensangelegenheiten tragen sie oft einen Liebesbrief im Schnabel. In früheren Zeiten waren die Menschen dem Naturgeschehen stärker verbunden und feierten dies in heiligen Kulten. Auch das Liebesgeschehen war vom Heiligen nicht ausgeschlossen.

Walpurgis und Hexennacht

In der Walpurgisnacht denken wir an die rauschhaften Tanzfeste zu Ehren der Göttin auf den "Wahl-Burgen", die später zum Hexensabbat verunglimpft und mit der heiligen Walpurga christianisiert wurden. Wir sprechen über die unselige Geschichte der Hexenverfolgungen und den damit verbundenen Verlusten vieler weiblicher Traditionen des Heilwissens. Im Gedenken an die weisen Frauen und Heilerinnen suchen wir nach wieder anknüpfbaren Fäden bei alternativen Heilweisen. Draußen im nahen Park spüren wir der Göttin in ihren Helferinnen nach, den Hagedisen, Feen, Nebelfrauen, Elfen und Naturwesen. Wir lauschen, meditieren, tönen und tanzen für sie. In einem Birkenhain lodert in der "Freinacht" ein "Hexenfeuerchen". Trommelnd und stampfend begrüßen wir die Erde, unsere große Mutter, die uns alle nährt. Sie soll fühlen, daß wir ihr nahe sind. Ihr zum Geschenk haben wir ein rautenförmiges Gebäck mitgebracht, das alte Zeichen der Erdmutter "Agga". Im Kessel dampft der "Zaubertrank". Davon wird das Gebilde wie mit Blut übergossen. Möge der "Zauber" gutes Gedeihen und Fruchtbarkeit fördern.

Maiwanderung

An einem schönen Maientag wandern wir durch Wiesen und Felder zu einem sagenumwobenen Berg. Am Fuße desselben sprudelt unter hohen Bäumen ein Brünnlein, dem die Legende heilsame Kräfte gegen Augenleiden zuschreibt. Wir schmücken die Quelle mit Wiesenblumen und frischen Zweigen und entzünden kleine Lichter. Mit ein paar ausgesuchten, passenden Texten ehren wir das Gewässer. Dann vollziehen wir ein Reinigungsritual und benetzen unsere Augen mit dem kühlenden Naß. Aus gefüllten Bechern genießen wir schluckweise, bewußt und dankbar diese selten gewordene Köstlichkeit. Möge die Hellsicht auch in uns wachsen!

Ritual für Sophia

Der 15. Mai, als letzter Tag der "Eisheiligen", wird "kalte Sophie" genannt. In früheren Zeiten wurde "Sophia" mehr geachtet und als Göttin der Weisheit hochverehrt. Aus alten Schriften geht hervor, daß sie gleichrangig mit dem Göttlich-Männlichen als Göttlich-Weibliches bei der Schöpfung mitwirkte. Hymnen preisen in ihr das spielende Kind, an dem Gott seine Freude hat.

Wir feiern ihren Festtag auf der Höhe eines heiligen Berges. Vielleicht sind wir hier oben ihrer Weisheit näher. Was kann das spielende Kind zu unseren spielerischen Fähigkeiten sagen? Nehmen wir uns noch Zeit zum Spielen im Leben, in der Liebe!?

Spielend gestalten wir eine Heilige Mitte für Sophia, aus Blumen, Gräsern, einer Feder, eben aus dem, was die Umgebung gewährt. Ein paar Düfte aus mitgebrachten Fläschchen steigen zum Himmelsthron der Göttin auf, sie zu grüßen. In unserer Fantasie erwacht das Bild der Maikönigin. Wir schmücken uns mit ihrer Krone als Blütenkranz im Haar und tanzen um den Hügel. Die Halstücher schwingen im freien Spiel der Bewegungen wie Schleier. Ob Sophia Freude an uns hat? Auf dem Heimweg albern wir wie Kinder und necken uns gegenseitig. Welche Spannweiten das Leben so haben kann!

voll

mond

Die Mondschlange

In der Vollmondnacht
erwachte sie,
die silberne Schlange
im dunklen See.
Ganz langsam schwamm sie
an die Wasseroberfläche,
wog sich in den trägen Wellen.
Mit Wollust tanzten
ihre Silberschuppen,
hielten mich gebannt,
verführerisch und glitzernd.
Als ich mich losriss
und gehen wollte,
glitt sie ans Ufer
und biss in meinen Fuss.
Seitdem pulsiert die Sehnsucht
mir im Blut.

Vollmondfeiern

Viele unserer Rituale sind dem Vollmond gewidmet, denn die Nacht ist für uns Frauen eine gute Zeit zum Feiern. Terminliche Zwänge entfallen und wir können diese Stunden genießen. In der schützenden Dunkelheit wagen wir es eher, miteinander zu tanzen, zu singen, zu meditieren, oder rituelle Gesten zu vollziehen, vielleicht auch eher auszusprechen, was über Tag ungesagt bleibt. Im Zyklus der Mondphasen sind wir Frauen der Mondin in unserem Körperrhythmus und im seelischen Befinden stark verbunden. Ob Vollmond oder Neumond, wir können darin unterschiedliche Qualitäten für uns wahrnehmen.

Der dunkle Mond oder Neumond läßt uns hinter die Welt ins Unsichtbare blicken, und bei Bedarf kann ein Ritual helfen, wenn z.B. Unbewußtes, Ungestaltetes hervordrängt.

mondfeier

wir haben der mondin
ein rosenbad geschenkt.
sie nahm es dankend an
und stieg herab,
tauchte ihren silberfuss hinein
dann löste sie ihr langes haar,
und eine flut von mattem glanz
ergoss sich über uns
in dieser nacht.

Der Vollmond erweckt in uns die Kraft der Weiblichkeit, läßt uns unsere Stärke spüren und auch die Fähigkeit zu Sensibilität, Mitgefühl und Achtsamkeit. Mondrituale sind deshalb Frauenfeste.

Unsere Rituale können dem Sonnenbogen im Jahreslauf folgen, aber auch den Mondphasen unterstellt werden. Zur zunehmenden Mondsichel gehört dann die Frühlingszeit und die Farbe weiß. Der volle rote Mond repräsentiert den Sommer und der abnehmende und Neumond, der schwarze Mond, vertritt den Herbst und den Winter. Mit der Farbentriade können alle beschriebenen Zuordnungen auch auf Mondfeiern übertragen werden.

Für Frauenkreise sind Rituale oft leichter und stimmiger aus der Mondsymbolik heraus zu entwickeln.

Ritual zu Vollmond

In der Krebszeit feiern wir den sommerlichen Vollmond am See. Leichte Uferwellen umspülen einen mächtigen Stein, den wir zur Heiligen Mitte schmükken. Bald zieren ihn Rosen- und Hollerblüten. Eine goldene Kerze erstrahlt. Das Licht, vom Wasser gespiegelt, durchleuchtet die zarten Blätter der Büsche, unter denen wir einen schützenden Platz finden.

Über dem See und dem Gebirge am östlichen Horizont leuchtet ein heller Schein auf, und dann steigt sie herauf, die Mondin! Still und andächtig schauen wir zu. Ihr zum Gruß streuen wir Blüten, von weißen, rosa und roten Rosen aus. Das Wasser trägt sie dem mächtigen orangefarbenen Gestirn entgegen. Wie zum Dank wächst ein goldener Strahl auf dem See zu uns herüber, und beglückt uns. In schönen Versen ehren wir den Vollmond. Aus einer gläsernen Schale strömt der Duft von Blüten und Kräutern, Wildrosen– und Hollunderblüten, Melisse, Pfefferminze und Salbei, die wir zu einem Trank vorbereitet haben. Die farbige Pracht in der Schale erfreut uns und wir genießen das erfrischende Labsal.

Immer wieder schauen wir hinaus auf den See, beobachten die Lichtspiele auf dem Wasser und fühlen uns reich beschenkt von dieser wunderbaren Mondnacht.

Für das gute Gedeihen unserer "Ernte" sprechen wir Wünsche aus und senden sie mit kleinen Schwimmlichtern auf den See hinaus. Welche wird die Mondin annehmen, welche werden erlöschen? Auf dem Heimweg schauen wir oftmals zurück, und sind froh, noch von ferne das flimmernde Funkeln unserer Wunschlichter zu erkennen.

sommer

sonnwende

Sommersonnwende

Am 21. Juni beginnt die Sommerzeit, die Hoch-Zeit des Jahres. Die Sonne hat ihren höchsten Stand erreicht. Wir feiern Sommersonnwende, das Mitt-Sommerfest! Auf den Höhen brennen mächtige Feuer, Symbol des voll offenbarten Lichts. Auch uns drängt's hinaus. Es ist die Zeit des Wirkens nach außen und von außen. Die Vielfalt und Fülle des Lebens ziehen uns in ihren Bann. Überall wird gefeiert, Feste, Hochzeiten, Stadt-, Dorf- und Straßenfeste. Die Tanzböden vibrieren. Man kommt in Gemeinschaften zusammen, besucht sich gegenseitig, trifft sich in Theatern und Konzerten, oder zu Wanderungen und Reisen. Reges Leben überall! Wir spüren das Glück unseres Da-seins und unser Miteinander-sein.

Aus den Gärten und von den Hauswänden funkelt die Pracht der Rosen und weit hin leuchten die Hollunderdolden. Ein Taumel von Üppigkeit will alles mit sich reißen und zieht auch uns mächtig an.

Die Heilige Mitte zur Sommerzeit

Unsere Heilige Mitte zeigt die Schönheit und Vielfalt des Sommers. Die zarten Farben des Frühlings gehen in kräftiges Rot über, das bis zur Erntezeit vorherrschend bleibt. Das Lichtsymbol für die Sommersonne – eine große goldene Kerze – wird von Blüten umkränzt.

Manchmal verstärken eingesteckte Wachsfackeln im Außenrund die Bedeutung des Lichts zu dieser Zeit. Es können vier Flammen für die Jahreszeiten in den zugehörigen Himmelsrichtungen sein, aber auch doppelt so viele. Dann stehen sie für die acht großen Feste im Jahreslauf, Lichtmeß, Frühlingsbeginn, Walpurgis, Sommersonnwende, Frauentag, Ernte, Allerheiligen und Wintersonnwende. Immer kommt es darauf an, was wir feiern wollen.

Die leuchtende Pracht der Junitage zeigt sich in Blumen und frischem Grün aus Gärten und Wiesen: Johanniskraut, Margariten, Mohn, Frauenmantel, Rosen und Hollunder. Als Sinnzeichen passen alle Sonnensymbole und goldgelb gebackene Drehwirbelmotive dazu.

Ritual am Sommersonnwendmorgen

Vor Sonnenaufgang machen wir uns auf den Weg. Schlaftrunken dahintaumelnd ersteigen wir schweigend die Höhe, wie jedes Jahr am Sonnwendmorgen. Auf dem sommerlichen Wiesenplateau finden wir unseren Platz. Bald blühen in einer kleinen Heiligen Mitte zwischen vorhandenen Grä-

sommersonnwendfest

kreise

wenn mein ton erklingt
wenn´s mich umringt
in tausend kreisen
um mich schwingt,
dann komm`ich endlich
heraus aus mir,
gleich hin zu dir
und dir
und auch zu dir.

so werden wir
nun hand in hand
aus lauter wonne
glühend wie die sommersonne,
wirbeln wild im lebenstanz.

sern, Schafgarbe und Lungenkraut ein paar eingesteckte Rosen, so als wären sie hier mitgewachsen. Der Duft zarter Lindenblüten, die wir von unterwegs mitgebracht haben, mischt sich dazu. Eine goldene Kerze erleuchtet unser Sommergärtlein. In Stille richten wir unsere Aufmerksamkeit auf das morgendliche Geschehen. Rasch wird es heller, und im Zauber des Morgenlichts öffnet sich eine weite Vorgebirgslandschaft. Von unten schimmert der See fahl herauf, in der Ferne treten die Konturen der tiefblauen Berge immer stärker hervor. Ein vibrierender Glanz am Horizont kündet die aufsteigende Sonne und schon schiebt sie sich sacht und stetig empor in leuchtendem Rot! Ihr zum Gruß summen wir einen selbsterdachten Kanon, erheben uns singend zu einer andächtigen Gebärde und lassen sie in eine Kreistanzbewegung übergehen. Eine Weile ergeben wir uns dem Schwingen und beleben es durch Gesten. Jetzt sind wir ganz wach und da! Ein milder warmer Lindenblütentee aus frischen Blüten tut gut. Wir genießen ihn, als wäre es köstlicher Wein. In der Verwandlung des gemeinsamen Erlebens ist alles wie auf eine andere Ebene gehoben, die Freude schenkt. Das Glück dieses sonnigen Morgens begleitet uns ins Tagesgeschehen hinein.

Mittsommer, Hoch-Zeit!

Auf dem Boden ein rundgerafftes rotes Seidentuch, darauf das zur Spirale gewundene Goldband, in der Mitte eine Schale mit Rosenblüten und schwimmenden Lichtern, Hollunder und Rosen rundum, ein paar persönliche Sinnzeichen, unsere Heilige Mitte zur Freude und Inspiration aller, die sie beschwingt umtanzen!

Wir feiern die Hochzeit des Jahres; diesmal als Fest der Verbindung von Sonne im männlichen Element Feuer mit dem zur Krebszeit gehörenden weiblichen Element Wasser. Jede von uns wählt eine der beiden Qualitäten. Lobpreisende Texte ehren die für uns lebenswichtigen Elemente. Wir sprechen aus, welche persönliche Beziehung wir selbst zum gewählten Element haben. Mit Kränzen und Tüchern geschmückt finden sich die Paare zum Hochzeitstanz. Das Kind von Feuer und Wasser, Sonne und Regen, ist der Regenbogen. Jede von uns hat Blumen in einer ihr lieben Farbe aus dem Regenbogenspektrum mitgebracht und sagt etwas über ihre Beziehung dazu. Gemeinsam legen wir auf rotem Tuch ein farbenfrohes Sommermandala. Alle können noch Verbesserungen vorschlagen, die so lange ausprobiert werden, bis allseitige Zufriedenheit entsteht. Unser Symbol der Einheit und Harmonie beglückt uns!

Zum Festschmaus haben alle etwas mitgebracht, Vielfalt und Fülle des Sommers auch auf dem Tisch! Zum Schmaus kommen unsere Männer und einige gute Bekannte hinzu, denn nach der Stärkung soll ein großes Feuer brennen, zu dem wir viele Zweige der ausgeputzten Obstbäume aufgeschichtet haben. Die Männer helfen den Feuerstoß anzuzünden. Bald lodern mächtige Flammen in den schon nächtlichen Himmel. Die Funken sprühen über unsere Köpfe hinweg. Von der schwungvollen Musik zu unseren Tänzen ums Feuer fühlen sich ein paar Nachbarn mit ihren Kindern angelockt, und sie reihen sich ein in den fröhlichen Kreis. Einige beginnen zu trommeln, und wir wiegen uns im Rhythmus mit. Der wärmestrahlende Gluthaufen lockt zum Näherrücken, und bald

erwacht die Sangeslust. Allerlei längst vergessen geglaubte Lieder mit wiederholbaren Reimen belustigen die Runde.

Das Glücksgefühl solch froh gelebter Stunden gibt uns Mut und Kraft, auch die Herausforderungen des Schicksals in schwierigen Zeiten anzunehmen.

Zum Leben gehört das Spannungsfeld auf und ab, hell und dunkel, Sommer und Winter.

Die Sommergöttin

Wenn Hollunder und Rosen blühen, beginnt die Zeit der Sommergöttin. Um die rote Farbe ihres Blutes kreisen die Vorstellungen von weiblicher Fruchtbarkeit. Für unsere Rituale übertragen und erweitern wir das Bild, um auch anderes "Fruchtbarsein" zu feiern.

Manchmal tritt die Sommerholla in unseren Kreis. Mit den Zweigen ihres betörend duftenden Strauchs schmücken wir die Heilige Mitte und mischen aus Hollerblüten allerlei erfrischende Getränke. In den Märchen erscheint die Holla als Frau Holle und zeigt noch andere Seiten ihrer wandlungsfähigen Gestalt. Als Herrscherin des Himmels spendet sie Segen von oben und waltet andererseits im Totenreich als "Hel", aus der "Hölle" wurde, um die Wandlung zu neuem Leben zu bewirken.

Ritual im Rosenhag

Ein anderes inspirierendes Sommerbild ist der Rosenhag für uns. Auf alten Gemälden trohnt die Göttin darin, erst später nahm Maria ihre Stelle ein. Während eines Nachmittagrituals gestalten wir in gemeinsamen Unterhaltungen einen Rosenhain nach unseren Vorstellungen. Fantasiereiche Wunschträume beflügeln uns gegenseitig. Wir erfinden einen wundervollen Frauengarten. Seine Umfriedung ist von üppigem Grün überwachsen. In dem sonnigen Gefilde erblühen die schönsten Rosen und verströmen ihre Düfte. Aus der Mitte des Gartens entspringt eine Fontäne. Feine Tropfen perlen glitzernd in ein weißes Marmorbecken. Wir streuen Rosenblätter in das klare Wasser und genießen darin ein erquickendes Bad. Das Gefühl des Wohlbehagens bleibt uns noch lange eine beglückende Sommererinnerung.

GRAL

Die Gralsgöttin

Eines Tages entdecken wir das Gralsthema und bald wird klar, die Suche nach dem Gral ist Frauensache! Gefäße wie Kelch, Schale, Füllhorn und Gral sind Ursymbole des ewig Weiblichen. Sie verkörpern den Schoß der lebengebenden großen Mutter. Der reichhaltige Mythenschatz darüber begeistert uns. Im Sommer kommt die Göttin mit dem segenspendenden Füllhorn oder mit der blutgefüllten Schale als lebenerhaltendes Prinzip. Im Winter erscheint sie als die weise Alte mit dem Braukessel der Verwandlung. Diese mythischen Bilder lassen bis in unsere "Tiefenschichten" blicken, und gewähren uns Wachstumschancen.

In unserer Heiligen Mitte leuchtet das Silbergefäß auf. Wir geben den "Inspirationstrunk" aus Blüten und Sekt in die Runde mit den Wünschen, die "Vielfalt und Fülle" der Göttin in uns aufzunehmen und ins Leben einzubringen.

Segenspendende Göttin auf der Insel Santorin

Mit der einbrechenden Dunkelheit steige ich einen steinigen Serpentinenpfad hinauf. Das felsige Gestein hat die Hitze des Sommertags gespeichert und strahlt die Wärme jetzt wohltuend aus. Über ein paar Stufen erreiche ich eine gemauerte Bastion. Die Mitte des kleinen Platzes schirmt ein mächtiger Baum. Dahinter öffnet sich in der senkrecht aufsteigenden Felswand ein Höhleneingang. Ich entzünde eine Kerze und bewege mich achtsam Schritt für Schritt ins ungewisse Dunkel. Plötzlich höre ich leises Gluckern, es tropft hier und da, jetzt spiegelt sich das Licht meiner Kerze in wassergefüllten Felsnäpfchen. Welcher Reichtum, welche Fülle. Wasser! Auf der Lavainsel selten und kostbar! Vielleicht befinde ich mich in einem einst verehrten Quellheiligtum. Ich kühle Gesicht und Hände, koste das reine Element und fülle eine Flasche damit, um das mir heilige Wasser für unsere Rituale in die Heimat mitzunehmen. Dann verneige ich mich zum Dank und verlasse die Höhle.

Neben dem Ausgang befindet sich eine kleine orthodoxe Kapelle, in die ich eintrete. Meine Kerzenspende erhellt den Raum ein wenig, und so erkenne ich im Dämmerschein ein Bildnis, das mich sofort tief berührt. Die Mutter Gottes sitzt in achtunggebietender Haltung mit dem Kind im Arm in einer großen Schale. Dieser entquellen vier heilbringende Ströme, die Kranke und Lahme erquicken. Ob der Gral bis hier hergefunden hat? Ich werde mich auf die Suche machen.

Draußen ist inzwischen über dem Meer der Vollmond aufgegangen. An den Baumstamm gelehnt finde ich einen guten Platz für einige Minuten der Stille. Vor mir gestalte ich eine kleine Heilige Mitte aus Blüten, Blättern, schwarzen, weißen und roten Steinen vom Strand, die vom Quellwasser besprengt im Mondlicht glänzen. Ich fühle mich zufrieden und glücklich. Ist das vielleicht das Glück des Grals?

Die drei Ewigen

Die große Göttin wird auch in anderen überlieferten Bildern für uns lebendig. Es sind die drei Heiligen Frauen. Die Zeiten gaben ihnen verschiedene Namen. Als Urd, Werdandi und Skuld, - Herkunft, Werden und Vergehen - , weben sie am Fuße der Weltenesche, dem Lebensbaum, die Schicksalsfäden der Menschen.

Später kommen sie in den drei Bethen wieder und heißen: Wilbeth, sie steht dem Mond und Wasserelement nahe; Borbeth, die Leuchtende, eine Sonnenfrau und Einbeth, die Erdmutter, in die alles Leben "ein-geht".

Der christliche Brauch kennt diese Triade als St. Barbara mit dem Turm, St. Margaret mit dem Wurm, St. Kathrein mit dem Radl, das sind die drei heiligen Madl!

Wir erkennen sie als gute Lehrmeisterinnen. Gerne wallfahren wir zu ihren Kirchen und Kapellen und lauschen ihrem "ewigen Wissen". Oft sind es besondere Plätze, für deren Qualität und Ausstrahlung wir uns sensibilisieren, um auch diese Botschaft in die Deutungsversuche mit einzubeziehen. Eine kleine Heilige Mitte bleibt zum Gruß als Gabe liegen.

Anrufung

im element luft

norden

wir rufen die kraft des nordens:
die kraft der luft und der winde,
die kraft des verstandes und der klarheit,
die kraft der weisheit und der intuition
hierher zu kommen an diesen platz
in die heilige mitte unseres kreises.

im element erde

westen

wir rufen die kraft des westens:
die kraft der erde,
die kraft der felsen und der steine,
die kraft des dunklen und der innenschau,
die kraft der energie,
die kraft der magie
hierher zu kommen an diesen platz
in die heilige mitte unseres kreises.

der Richtungen

nach lu lörler, *das medizinrad*

osten

im element feuer

wir rufen die kraft des ostens:
die kraft der aufsteigenden sonne,
die kraft des feuers und des blitzes,
die kraft des lichtes und der erleuchtung,
die kraft der inspiration
hierher zu kommen an diesen platz
in die heilige mitte unseres kreises.

süden

im element wasser

wir rufen die kraft des südens:
die kraft des wassers,
die kraft der pflanzen und des wachstums,
die kraft der gefühle,
die kraft von unschuld und vertrauen
die kraft des mondes
hierher zu kommen an diesen platz
in die heilige mitte unseres kreises.

Lichtrituale

inmitten der frischen luft der wälder und felder,
dort wirst du dem engel der luft begegnen,
der den geruch süssduftender felder ausbreitet,
von frühlingsgras nach regen,
von sich öffnenden knospen der rosen.

engel der luft,
dringe tief in mich ein,
wie die schwalbe vom himmel herabstürzt,
damit ich das geheimnis des windes erfahre
und die musik der sterne.

aus den schriften der essener

heilige mitte zu ostern

im Frühjahr
ritual zu sophia

töchter des mondes

hebet die hüften, töchter des mondes
zum schlagen des tambourins!
wenn ihr tanzet, singen die dichter
vom anmut der rehe, von würzigen düften,
töchter des mondes, hebet die hüften!

Sonnwendritual

gestern war ich im garten der liebe,
träumend und voll verlangen.
gottes sonne blinzelte in meine augen;
ein strom von freude begann zu fliessen.
jede rose, die seinen lachenden lippen entsprang,
war dem dorn des daseins entronnen.
jeder baum und jeder grashalm
tanzte auf den wiesen der freude.

mevlana dscheladdin rumi, 1207-1273

Der Heilige Gral

kennt die göttin doch kein alter
kommt in frischer jugend immer wieder
trägt der sonne goldne strahlenkrone.
bring herbei das schöne, menschenfreundin,
du, der götter mutter, aug der erde,
aller wesen wonne,
gib uns heil und segne uns.

aus indien

im Sommer

Ernteritual

im Herbst

die erde ist eine starke bewahrerin,
die heilige erhalterin und versorgerin!
wir preisen die stärke und lebenskraft
der mächtigen erhalterin, der erde,
wir preisen die heilenden der erde,
die das geheimnis der kräuter und pflanzen kennen;
diesen heilenden hat der engel der erde
sein altes wissen offenbart.

aus den schriften der essener

Lucienritual im Winter

alles will sich nun verhüllen und entfärben.
nebeltage brüten angst und sorgen.
nach der nacht voll sturm klirrt eis am morgen.
abschied weint, die welt ist voll von sterben.

sterben lern auch du und ich ergeben.
sterbenkönnen ist ein heiliges wissen.
sei bereit zum tod - und hingerissen
wirst du eingehn zu erhöhtem leben!

hermann hesse

Ritual

Ritual für Enisa

Gebackenes Herz im Frauenkranz

für den Frieden

der erste frieden

der erste frieden, der wichtigste, ist der, welcher
in die seele des menschen einzieht;
wenn die menschen ihre verwandschaft,
ihre harmonie mit dem universum einsehen, und wissen,
dass im mittelpunkt der welt das grosse geheimnis wohnt.

und dass diese mitte tatsächlich überall ist;
sie ist in jedem von uns. dies ist der wirkliche friede.
alle anderen sind lediglich spiegelungen davon.

der zweite friede ist der,
welcher zwischen einzelnen geschlossen wird.
und der dritte ist der zwischen völkern.

doch vor allem sollt ihr sehen, dass es nie frieden
zwischen völkern geben kann,
wenn nicht der erste frieden vorhanden ist,
welcher innerhalb der seele wohnt.

altes navajo-gedicht

Tauffeier

... segen sei mir dir, der segen strahlenden lichtes,
licht um dich her und innen in deinem herzen.
sonnenschein leuchte dir und erwärme dein herz,
bis es zu blühen beginnt wie ein grosses torffeuer -
und der fremde tritt näher,
um sich daran zu wärmen.

und der gesegnete regen,
der köstliche, sanfte regen
ströme auf dich herab.
die kleinen blumen mögen zu blühen beginnen
und ihren köstlichen duft ausbreiten,
wo immer du gehst.

der segen der erde,
der guten, der reichen erde
sei für dich da.
weich sei die erde dir, wenn du auf ihr ruhst,
müde am ende des tages,
und leicht ruhe die erde auf dir
am ende des lebens ...

irischer segensspruch

Ritual mit St. Margareth auf der Roseninsel

Der Verehrungstag der heiligen Margaretha liegt im Juli. Von ihr wußte eine Freundin, daß sie als "Perle" verehrt wird, die aus der Vereinigung von Himmlischem Licht mit Wasser entstanden sein soll. Dieses Bild gefällt uns. Und auch die Stärke, die der Drachenjungfrau St. Margareth zugeschrieben wird!

Als "Perle" des Würmsees gilt die Roseninsel und schon lange planen wir einen Ausflug zu zweit zum "Eiland des Drachen". Nun mag uns St. Margareth begleiten und beistehen.

Es ist die Zeit des Sonnenuntergangs. Wir haben Glück! Der alte, einsam auf der Insel lebende Fischer hat uns am Ufer erspäht und holt uns in seinem Boot hinüber. Ihn erfreut die Abwechslung, und wir müssen eine Tasse Kaffee mit ihm trinken. Dafür bekommt er einige Symbolgebäcke, die wir für unser Ritual vorgesehen hatten. Dann sind wir frei, um die einst heilige, dann königliche Insel zu durchschweifen. Vom einstigen Rosenlabyrinth des Königs ist nichts übrig geblieben, die Villa befindet sich in ruinösem Zustand. Zutritt verboten! Interessenten des Fremdenverkehrs wollen ein Hotel errichten, hatten wir gehört. Nur mächtige alte Bäume und edles Buschwerk künden noch von besseren Zeiten. Wir finden einen guten Platz am Ostufer zum offenen See hin. Der volle Mond geht auf, herrlich leuchtend über dem Wasser! Uns entzückt eine kleine Heilige Mitte aus Muscheln vom Strand, in die wir mitgebrachte Glasperlen legen. Wundervoll spiegelt sich das Mondlicht in den Zauberkugeln. Wir schikken unsere "Stoßgebete" zu St. Margareth, möge sie die Insel vor Unbill bewahren!

Später bringt uns der Fischer ans Ufer zurück und wir winken ihm dankend nach. Erst in diesen Tagen kommt eine Rundfunkmeldung, daß die Gebäude der Roseninsel im alten Stil renoviert werden und der Rosengarten des Königs wiedererstehen soll. St. Margareth hat geholfen!

Reife
und
Erntezeit

Reife und Erntezeit

Eine Weile noch beschert uns die Sonne sommerliche Tage. Von der Wende ist wenig zu merken. Nur in den Feldern und Gärten zeigt sich die Veränderung. Getreide und Früchte reifen heran. Mit dem 15. August zu Maria Himmelfahrt, dem großen Frauentag, endet die hohe Zeit und geht über in die Reife- und Erntezeit. Bahn um Bahn verliert die Sonne an Höhe und Strahlkraft. Am 21. September, mit der Tag- und Nachtgleiche, ist die halbe Wegstrecke auf dem Abwärtsbogen erreicht. Das Lichterbrauchtum folgt diesem Geschehen. Das Licht wird verhüllt. Bei Prozessionen zum Frauentag tragen die Menschen Kerzen in roten Bechern um und schmücken ihre Häuser und Gräber damit. Zur Erntezeit leuchten versteckte Lichter aus fratzenhaft ausgehöhlten Kürbissen und Rüben. Schattenhaftes – Dämonisches kündigt sich an und weist auf kommende Zeiten hin, in denen die Gespenster umgehen.

Die Heilige Mitte zur Reife- und Erntezeit

In der Erntezeit kann die Farbe Rot zum Gelb des Getreides oder zum grün und braun der Erde, von der die Früchte kommen, abgewandelt werden. Bei herbstlichen Feiern schimmern nur noch kleine Kerzen oder Teelichter aus leeren Kürbisschalen oder rücken in Umhüllungen näher zum Zentrum der Heiligen Mitte. Die Bewegung von außen nach innen wird darin deutlich.

Mit Früchten, Beeren, Pilzen, Ähren oder Symbolen, die unsere persönliche Ernte bedeuten, bringen wir den Segen auf das Heilige Mittetuch. Vielleicht können wir Brote und Kuchen aus neuem Getreide backen und sie mit geflochtenen und gedrehten Mustern schmücken, den Zeichen für Aufgehen, Untergehen und Wiederkommen.

Ritual zum Frauentag

Bevor die Sonne aufgeht, sind wir bereits unterwegs. Auf einem Hügel begrüßen wir die Gegend, rasten eine Weile, um zu schauen und zu lauschen. Kühler Wind kommt auf, und läßt uns spüren, daß der Sommer vorbei ist. Hier und da zirpt ein Vogel, unten am See schnattern Enten. Gleich muß er kommen, der immer wieder so wundervolle Augenblick des ersten Sonnenstrahls. Im zunehmenden Licht, das die Landschaft und uns wie in Gold taucht, tönen wir einen Sonnengruß. Langsam erwacht das Leben um uns. Über dem See drehen Wildgänse eine Runde bis zu uns herüber. Ihr mächtiger Flügelschlag rauscht in der Luft wie ein Lied von Abschied. Dankbar und wehmütig schauen wir ihnen nach und machen uns auf den Weg, einen Kräuterstrauß zu pflücken. Noch finden wir Johanniskraut, Schafgarbe, Brennessel, Frauenmantel, wilde Pfefferminze, Blutweidenröschen, Mädesüß, Schachtelhalm, eine Wildrose, sogar eine mehrstielige Königskerze, die wir miteinander teilen, dazu ein paar Zweige von Hollunder, Linde und Eiche. Aus biegsamen Ranken, Gräsern und einigen Blüten winden wir eine Herzform, die zur Heiligen Mitte wird. Nach dem Ritual bleibt sie zum Dank und als Liebesgruß den hilfreichen Naturwesen geschenkt. Unsere Sträuße umrunden das Herz. Zu ihrer Weihe rufen wir die heilsame Grünkraft an, von der Hildegard von Bingen spricht. Auch in unseren Pflanzen ist sie lebendig. Wir wollen sie ehren und uns von den "Geheimnissen Gottes" darin berühren lassen. Die Kräuterbüschel gehen mit in unsere Wohnungen, und werden an einem guten Platz aufgehängt. Nach alten Überlieferungen spenden sie Heil und Segen. Uns erinnern die Sträuße noch lange, wenn Wiesen und Felder kahl geworden sind, an sommerliches Grünen und Blühen.

Zu unserem Wohlergehen verhilft nun erst einmal ein gutes Frühstück. Es dauert ein Weilchen, bis der beliebte Kräuterschmaus frisch zubereitet ist. Aus Wiese und Garten sammeln wir Löwenzahn, Brennessel, Wegerich, Johanniskraut- und Schafgarbenblätter, sowie Gartenkräuter, Petersilie, Schnittlauch, Melisse, Liebstöckel, Boretsch und Sellerieblätter, schneiden sie sehr fein und mischen sie mit einer Öl-Joghurt- und saurer Sahnesoße. Dazu gibt es selbstgebackene kleine Hefefladen und heißen Frischkräutertee aus Ringelblumen, Salbei, Melisse und Pfefferminze. Die Unterhaltung kreist alsbald um ein gewünschtes Ernteritual und in der Vorfreude darauf verabschieden wir uns voneinander.

Die Göttin als Schnitterin

In den späten Augusttagen spüren wir die Verwandlung der segenspendenden Göttin zur Schnitterin. Schon wetzt sie ihre Sichel, das Korn zu schneiden, viele gewachsene Lebensfäden zu durchtrennen. Die Tödin ist erwacht und begibt sich auf den Weg. Die unausweichlichen Veränderungen draußen machen uns betroffen. Gut, daß spätsommerliche Tage noch Zeit gewähren, den Wandel anzunehmen, und die Arbeiten beim "Ernten" trübe Gedanken verscheuchen.

o edelstes grün,
du wurzelst in der sonne,
strahlst auf in leuchtender helle
in einem kreislauf,
den kein irdisches sinnen begreift:
du bist umfangen
von den umarmungen der
geheimnisse gottes.
du schimmerst auf wie morgenrot,
du glühst in der sonne flammen!

hildegard von bingen, *carmina, 39*

Ritual für die Göttin

Die Stoppeln eines gemähten Weizenfeldes leuchten wie Gold in der Morgensonne. Wir treffen uns bei einer mächtigen alten Eiche in der Mitte des Ackers. Aufmerksam lauschen wir auf die Begebenheiten rundum. Welche Zeichen schickt uns die Göttin? Vom See wallen Nebel herauf. Wie Feen und Elfen in Schleiergewändern durchwirbeln sie die weiten Parkräume. Welch' wundervolle, schwerelose Gestalten im Zauber ihrer anmutigen Bewegungen! Da, im Baum über uns, lautes Krächzen! Oh Schreck! Ein Schauer durchfährt uns. Ein schwarzer Vogel fliegt davon. Eine Krähe? Vielleicht hat sie uns nur begrüßen wollen. Wer weiß ?

Aus der kleinen Heiligen Mitte vor einem aufgerichteten Feldstein strahlt freundlich das Licht einer gelben Kerze. Davor liegt eine gebackene Doppelspirale, die ein Weizenährenkranz umrundet. Das Symbol bleibt zum Gruß für die Göttin liegen. Auf dem Rückweg erwischt uns ein Gewitterschauer. Unter einer Kastanie am Wegrand finden wir Schutz und schauen zurück über das Feld zur alten Eiche hin. Da wölbt sich vor unseren Augen ein großer Regenbogen über das Land. Wie gebannt blicken wir auf den farbenprächtigen Zauber und die wechselnden Lichtspiele. Mitten unter der Himmelsbrücke steht der Baum! Tief beeindruckt und mit dankbaren Herzen nehmen wir das Bild in uns auf. Was mag uns die Göttin darin sagen wollen? Das wird uns eine Weile beschäftigen.

wir preisen die bauern der erde

wer die erde bebaut
dem wird sie früchte hervorbringen
und gesunde grüne pflanzen und goldenes korn.
süsse und reiche mengen werden aus diesem land
von den feldern hervorspriessen
und gesundheit und heilkraft,
nährwert und lebenskraft mitbringen.

aus den schriften der essener

herbst

herbst, mein freund,
komm' steig in meine körbe
und fülle sie mit deiner frucht,
die sommer in sich birgt.
versprechen will ich dir,
gold´ne äpfel, hagebutten zu bewahren,
bis zum grossen winterfest,
sie dann auf den altar zu tragen,
wo alle davon speisen können.

herbstzeit

heilige mitte vom tanzkreis sigrun hoffmann

Anrufung der Erde

Wir rufen die Erdenmutter an!

die heilige Bewahrerin!

die Erhalterin!

Sie ist es, die die Welt erneuern wird!

die Erde gehört ihr

und die Fülle der Welt

und die darin wohnen.

Wir verehren die gute, starke,

die wohltätige Mutter Erde

Essener Schriften

Herbstzeit

Bevor die dunklen Tage anbrechen, wird noch kräftig gefeiert, Erntedank und Kirchweih! "Der Sommer war sehr groß"! Auch wir leben unserer Ernte entgegen, umsorgen sie noch ein Weilchen. Dann endlich können wir sehen oder uns bewußt machen, was gereift ist von den Wunschsamenkörnern, aber auch sonst an Erfahrungen, Einsichtung und Erkenntnissen aus den gehegten und mit Liebe und Zuwendung gepflegen Gärten unseres Lebens und auf inneren "Feldern". Mit Freuden feiern wir diese Ernten.

Ritual zur Ernte

Am Vormittag backen wir zu zweit kleine geflochtene Herzen und binden jedes mit einer roten Schleife, einem Hagebuttenzweig und einem Apfel zusammen. Ein schönes Erntesymbol! Alle kommen in eine große Schale. Am Nachmittag treffen die Freundinnen ein. In der milden Nachmittagssonne, an einem windgeschützten Platz, wird ein gelbes Seidentuch ausgebreitet und von dunkelrotem wilden Wein umrankt. Unsere Heilige Mitte! Mit der Ernteschale im Zentrum bleibt die restliche Fläche frei.

Nach der gewohnten Einstimmung durch die Begrüßung der Gegend, dem Räuchern, und nach Erläuterungen zu den Qualitäten der herbstlichen Zeit; danken wir den Sonnenkräften mit einem Sonnentanz, der ihre Strahlen nachzeichnet. Dann besinnen wir uns in Ruhe und gesammelt auf das, was uns persönlich der bisherige Jahresverlauf gebracht hat. Nacheinander berichten wir darüber, und jede legt ihre mitgebrachten "Früchte" vor sich auf die freie Stelle des Tuchs. Bald füllt reicher, farbenfroher Erntesegen die Heilige Mitte. Wir sind beeindruckt von der starken Wirkung unserer Ernterunde, haben sich doch die geschmückten Teilbereiche zu einem harmonischen Ganzen verbunden. Unsere Freude daran beschwingt den flotten Erntetanz.

Zum Andenken erhalten wir ein Erntesymbol aus der Schale. Bevor wir es mitnehmen, dient es zum Schmuck auf dem Festtisch. Ein großes Zwiebelgewürzbrot zu Apfelmost erwartet uns schon. Zwetschgenkuchen und Schlagsahne sind zum Nachtisch vorbereitet. Während des Essens sinnieren wir über unsere gemeinsamen Erlebnisse dieses Jahres, und jede erzählt, welche sie am meisten beeindruckt haben. Die Erinnerung belebt die Gemüter!

Unsere Früchtesymbole in der Heiligen Mitte bleiben draußen, der Vergänglichkeit überlassen. Wir lösen uns von ihnen, im Bewußtsein, daß bald "Leere" kommen muß, wie auf den abgeernteten Stoppelfeldern.

Die dunkle Zeit

Die Dunkle Zeit

Mit dem Fest Allerheiligen, Allerseelen am 1. und 2. November, beginnt die sogenannte Dunkle Zeit und währt bis Lichtmeß, Anfang Februar. Bei schwacher Sonne bleiben kurze Tage und lange Nächte. Als Sinnbild dafür verhüllt sich im Volksbrauch das Licht in Laternen, wenn es, wie zu Martini, von den Kindern in beschwörenden Gesängen umgetragen wird. Auf den Gräbern brennen rote Totenlichter für alle Seelen. Sterbezeit, Todeszeit, Ruhezeit! Zu ihr gehört die Farbe schwarz. Im Schwarzen, im Dunkel, ist die Totenwelt verborgen; daher die schwarze Trauerfarbe in unserem Kulturkreis.

Die Felder liegen da, in offener brauner Erde. Vielleicht ruht Samen darin. Die Zeit ist wie zeitlos geworden und verweist so auf eine andere Dimension. Ihr wollen wir uns zuwenden und nachspüren, welche heimlich stillen Kräfte jetzt wirksam sind.

Mit Meditationen und Übungen, um in die Stille zu kommen, stimmen wir uns ein auf die Dunkle Zeit.

Auch wenn aus dem täglichen Leben weder Hektik noch Streß ganz zu verbannen sind, so erlauben wir uns hin und wieder ein kurzes Zurückziehen, einen kleinen Spaziergang oder was uns sonst gut tut und beruhigt. Die Tage des Kalenderbrauchtums können uns dabei hilfreich unterstützen.

Mit "St. Kathrein schließt Baß und Geigen ein" am 24. November beginnt in Bayern die "stade Zeit". So wie die öffentlichen Tanzveranstaltungen aufhören, können auch wir manchen "Außendienst" einstellen.

St. Barbara am 4. Dezember, die Helferin der Bergleute, zeigt an, daß alles Leben ins Innere der Erde entschwunden ist. Aber in ihren Zweigen schenkt sie uns Hoffnung. Die kleine Geste des Zweigeschneidens und die Fürsorge dafür, das Warten aufs Erblühen, vielleicht pünktlich zu Weihnachten, kann ein kleines Tagesritual sein, das uns beglückt, zumal wenn wir dabei geheime Wünsche hegen und beobachten, was St. Barbara gewährt.

Am 13. Dezember steht die Sonne still. Nach altem Brauch beginnen die zwölf heiligen Nächte. Da öffnet, wie es heißt, die Anderswelt ein wenig ihre Pforten und läßt unser inneres Auge einsehen. Wir gönnen uns täglich einige Momente der Stille, um Ereignisse des Tages, Wetterstimmungen, Träume, eigenes Befinden zu reflektieren, oder wenden uns in einer Visualisierung inneren Bildern zu. Das alles kann als Orakelzeichen auf die Monate des kommenden Jahres bezogen werden, sagt man. Wir erfinden ein eigenes, für uns stimmiges

Ritual, damit die kostbare Vorweihnachtszeit nicht nur im äußeren Getriebe versinkt, sondern sich erwartungsfroh auf den kommenden Jahres- und Schicksalslauf ausrichtet.

Die Heilige Mitte in der Dunklen Zeit

Die Dunkelheit und Abwesenheit alles Lebendigen wird im schwarzen Tuch deutlich gemacht. Nur noch kleine Lichter scheinen aus den Gläsern, die mit rotem Papier umhüllt sind, und aus Laternen. Jetzt wird es karg draußen und in unserer Heiligen Mitte. Als Symbole verwenden wir Zeichen für Beständigkeit und Hoffnung: Steine, Kristalle, Tannengrün, Efeu, Eibe, Zypresse, Früchte, wie Äpfel und Nüsse, deren Kerne uns Leben verheißen, und legen sie auf das schwarze Tuch.

Zu den Novemberfesten gehören Gebäcke von geflochtenen Zöpfen und Kränzen und in die Winterzeit eingerollte Spiralen und Bogenformen als Sonnenzeichen.

Ritual zum Beginn der Dunklen Zeit

Im November gehen wir hinaus zu unserem Winterplatz. Umgeben von mächtigen Fichten liegt er versteckt am Waldrand. Unter einer alten Buche ist Raum für die Heilige Mitte und zum Tanzen.

Bei Regen und stürmischem Wind stapfen wir in Schals und Umhänge gehüllt über aufgeweichte Wiesen, übersteigen ein paar Weidezäune und sammeln uns vor dem Wald. Es ist stockfinster! Wir entzünden eine rote Kerze und bringen sie singend im einwärtsdrehenden Spirallauf zum Winterplatz. Dort entsteht eine sparsam ausgebildete Heilige Mitte. Umherliegende Steine bilden einen Schutzkreis um das Licht und um eine Schale mit getrockneten Kräutern. Tannenzweige, die der Sturm herbeigeweht hat, umkränzen Schale, Licht und Steine. Wir begrüßen, wie immer, den Platz mit allen hier wirksamen Kräften und bitten, uns freundlich aufzunehmen. Zum Geschenk haben wir Duft, Rauch und wirbelnde Funken aus der Feuerschale mitgebracht. Damit ist der Platz eingeweiht, und wir können die Bäume in einer Umarmung begrüßen. Im Schutz eines dicken Stammes lassen wir uns nieder, zünden ein paar Räucherstäbchen an und werden still. Ein Glockenton gibt das Zeichen. Der Sturm in den Wipfeln über uns rauscht und braust gewaltig. Das Ächzen und Winden der Baumriesen ist bis in den Stamm und unseren Körper zu spüren. Ängste kommen auf. Wenn jetzt ein Ast bricht? Er könnte uns verletzen, vielleicht gar erschlagen! Aber diese alten Bäume müssen schon vielen Stürmen standgehalten haben, geht's uns durch den Sinn. Ein Blick zur Mitte, aus der das spärliche Licht die Steine sanft erhellt und ruhig vor sich hin glimmt, unterbricht die schweifenden Gedankenfetzen. Rundum kauern die Freundinnen, das tröstet! Da tönt die Glokke, um die Zeit des Ruhefindens zu beenden. Nun, zu innerer Stille, zum Zentrieren hat's nicht gereicht! Heut' sind uns wohl eher die Gespenster begegnet, die mitunter den Weg nach innen säumen. Dankbar, heilgeblieben zu sein, verabschieden wir uns rasch und retten uns ins Haus zu heißem Hollunderbeersaft und einem Zopfkranzgebäck.

Die Dunkle Göttin, die weise Alte

November! Die immer früher hereinbrechende Dunkelheit zeigt unmißverständlich den Beginn der Regentschaft der schwarzen Göttin an, der weisen Alten als Hüterin einer unsichtbaren Welt von Tod und Verwandlung. Hinter den undurchsichtigen Schleiern des Nebelmondes ahnen wir die Nähe einer Jenseitswelt, der anderen Welt, in der sich die Seelen aufhalten sollen, die Gefilde des Geheimnisvollen, von denen Mythen und Märchen erzählen. Von dort

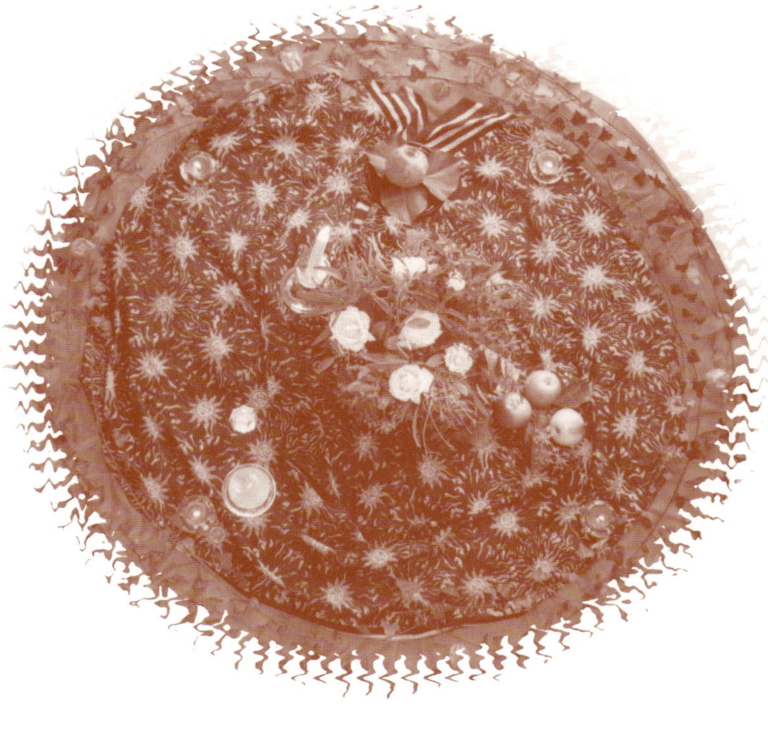

drängt auch Unheimliches hervor und geistert durch die dunkle Zeit. Das Brauchtum gab diesen Kräften Gestalt und Namen wie Schimmelreiter, wildes Heer, Perchten, Krampus, blutrünstige Lutz.

In ihnen konnten menschliche Furcht, Ängste und Aggressionen spielerische Gestalt annehmen und gebannt werden. Das verhalf zum Ausgleich des psychischen Befindens für den Einzelnen und in Gemeinschaften.

Uns Frauen ist die dunkle Zeit besonders wichtig, denn sie fordert heraus, uns den oft verdrängten Themen, wie Älterwerden oder Umgang mit den Schattenseiten, zu stellen. Die weise Alte wird uns zur Lehrerin. Sie ermutigt dazu, die Jahre des Älterwerdens zu nutzen, nicht zu erlahmen. Wenn die Phasen der Existensgründung mehr oder weniger hinter uns liegen, die Kinder aus dem Haus gehen, sind wir nicht arbeitslos, sondern können uns endlich "neuen Räumen" zuwenden. Es steht an, das "weise werden" ins Auge zu fassen, unsere ganze Persönlichkeit zu entfalten, vielleicht sogar den Sinn für eine gewisse Würde im Alter zu entwickeln, die Eigenschaft, die uns so sehr bei den Alten der Märchenbeschreibungen oder in den Gesichtern fremder alter Frauen fasziniert. Zum Ganzwerden unserer Persönlichkeit gehört neben den Bemühungen um äußeres Wohlergehen gleichermaßen das Eintauchen ins "Dunkel der Winter-Nacht", in unsere eigene Schattenwelt.

Diesmal gestalten wir in den Winterwochen Rituale, die im Sinnzusammenhang mit den Aspekten der dunklen Göttin stehen. Wir begegnen der furchterregenden Alten in der blutlechzenden Lutz, ein andermal der Drachin. In den Bildern dieser Gestalten betrachten wir unsere eigene Angst, Bosheit, Wildheit

oder Aggression und klären, welche Berechtigung auch diesen dunklen Seiten in uns zusteht und wie sie als Potential unser Leben erweitern helfen.

Zu den Ritualen wird draußen wie drinnen eine Heilige Mitte geschmückt. Die Farben sind dunkel gehalten, das Licht zur Mitte hin konzentriert. Alle sonstigen Symbole richten sich nach den Inhalten der Feier. Es können Bilder, Kunstkarten, Masken, selbstgestaltete Embleme mit Worten, Texten oder Zeichen sein. Unsere Erfindungsgabe ist herausgefordert.

Ritual mit der blutlechzenden Lutz

Dezembernacht! Da geht die blutlechzende Lutz um. Überall scheppert und klappert ihr zerbeultes Gefäß, aus allen Richtungen faucht ihr wilder gieriger Atem. Dennoch wagen wir uns hinaus. Soll sie nur kommen!

Jede von uns trägt ein Behältnis und einiges Feuermaterial mit sich. An den Baumstämmen unseres Winterplatzes lassen wir uns nieder. In den Gefäßen soll das Blut, die Glut, der Lutz gerührt werden. Ganz auf sich gestellt, entfacht jede ihr Feuerchen. Kämpfende Kräfte! Funken sprühen, Flammen züngeln, Rauch steigt auf. Manches Holz zündet schlecht, schwelt nur vor sich hin, viel Qualm verbreitend. Anderes brennt lichterloh, erhellt die Nacht und zeigt im Schein die Gestalten der Feuerfrauen. Urgestalten sind das, groß und furchterregend, dort unter den mächtigen Bäumen!

Wir lassen das Bild tief in uns eingehen, sogar mitgehen, denn es könnte uns zu bestimmten Situationen im Leben noch sehr nützlich sein.

licht

eine esche weiss ich, heisst yggdrasil,
den hohen baum wetzt weisser nebel;
davon kommt der tau, der in die täler fällt,
immergrün steht er über urd´s brunnen.

wende

davon kommen frauen, vielwissende,
drei aus dem saal dort unterm wipfel.
urd heisst die eine, die andere werdandi,
skuld die dritte.
sie schnitten stäbe, sie legten lose,
das leben bestimmten sie
den geschlechtern der menschen,
das schicksal verkündend.

aus edda, völuspa

Lichtwende

Am 20. Dezember umrundet die Sonne den kleinsten Tagesbogen. Es folgt die längste Nacht, die Rumpelnacht genannt wird. Noch einmal bäumt sich die Schattenwelt auf. Allerlei furchterregendes Geistervolk – das wilde Heer – tobt in den Lüften. Bald hat ihr Stündlein geschlagen, die Wende naht! Wintersonnwende! Das Fest der Geburt des Lichts steht bevor. Wir feiern Weihnachten.

Auch die Wintersonnwende ist eines der großen Jahresfeste. Sie kann als Ritual vor Weihnachten zum 21. Dezember oder zur heiligen Weihnacht gefeiert werden. Immer ist es ein Lichterfest, denn die Sonne kommt zurück, neues Licht ist wiedergeboren. Das feiern wir freudig in unterschiedlichen traditionellen Formen mit unseren Familien, und in Gemeinschaft mit Verwandten und Freunden.

Im Bild der Lichtsymbolik spüren wir dem tiefsten dunkelsten Moment nach, der die Wende, die Wandlung bringt. Sich solchem Geschehen anzuvertrauen, es mitzuvollziehen, kann tiefreichende Erfahrungen vermitteln. Vielleicht wie eine Übung, um bei eigenen "Finsternissen" eher den Weg zu finden und ihn zu wagen. Es könnte sein, daß in Ritualen manch' freiwilliger Lernprozeß auf symbolischer Ebene stattfindet. Und womöglich erübrigen sich einige unfreiwillige "Entwicklungshilfen" über äußere Umstände im Leben. Das dient dem Gleichgewicht, schafft Harmonie in uns und für unsere Umgebung.

Die Heilige Mitte zur Lichtwende

Sie wird der Bedeutung des Festes angemessen wirkungsvoll ausgebildet. Das schwarze Tuch der Dunkelzeit kann im Zentrum schon teilweise überdeckt werden. Vielleicht durch gold als Symbol der Sonne, oder rot als Zeichen wiederkehrenden Lebens, evtl. sogar weiß, wenn auf die nächste Jahreszeit, den Frühling, hingewiesen werden soll. In der Mitte steht eine goldbemalte Kerze oder ein Lichterbäumchen mit goldenen Äpfeln. Sie sind Symbole der lebenerhaltenden Götterfrüchte, von denen Märchen und Mythen erzählen. Auch Nüsse und Lebkuchenherzen mit Sinnzeichen und Mandelstrahlen, Zeichen für Liebe und Leben, gehören in die Wintermitte. Tannenzweige, zum Außenrand gelegt, bestärken Hoffnung und Beständigkeit. In vielen kleinen Kerzen lebt das neue Licht auf.

Ritual zur Lichtwende

Die große Bauernwiese träumt unter einer dünnen Schneedecke vor sich hin. Der Himmel ist bedeckt, es friert. Zum Ritual wird eine Tannenspitze geschmückt, die wir im Wald unter gefällten Bäumen fanden. Wir stecken gelbe Kerzen auf die Zweige und hängen ausgeschnittene Goldsterne auf. Nachdem sich alle um diese Heilige Mitte versammelt haben, spricht eine der Frauen über die verborgenen geheimen Kräfte der Sonnwendnacht, nach denen wir uns auf die Suche machen wollen. In Räucherdüfte gehüllt, jede für sich allein, gehen wir in die Dunkelheit, überlassen uns eine Weile mit geschlossenen Augen dem äußeren und inneren Unsichtbaren. Der Schnee dämpft alle Laute, es ist ganz ruhig rundum. Wir tauchen ganz in diese Stille ein, lassen uns eine Weile davon tragen, dann kehren wir zum Baum zurück. Entspannt und erwartungsfroh rufen wir in Versen den "Engel des Lichts" an. Mit

drei spontan geäußerten Wünschen entzündet jede von uns drei Kerzen als leuchtendes Zeichen. Wie schön, die wachsende, wärmende Helligkeit! Aber nicht jedes Licht hält dem leichten Zugwind stand. Hier und da müssen Lichter geschützt, umsorgt, neu entzündet und schließlich doch sich selbst überlassen werden. Mit dem beliebten Sonnentanz begrüßen wir die noch unsichtbare Sonnenkraft und nehmen einen Funken ihres Widerscheins als Stern vom Baum, "der Stern zeigt ihnen den Schein....."! Auch ein Licht im schützenden Glas geht mit ins Haus, um dort die Kerzen der Heiligen Mitte anzuzünden. Wie gut tut die Wärme! Verlockend duften feine Lebkuchenherzen und aus dem dampfenden Kessel der rote "Intuitionstrank"! Im hellen Kerzenschimmer liest jede einen Sinnspruch aus dem Weisheitsschatz der Dichtkunst, der auf ihrem Stern steht. Er leitet sie bis Lichtmeß und hilft ans Licht zu bringen, was in Keimen in ihr schlummert.

hoffnung

aus tiefster nacht

entsprang die hoffnung,

ergoss sich im

spiralentanz

hinaus bis in mein haus.

perchten
tag

Perchtentag

Das neue Jahr hat begonnen und ist mit Lärm und Glückwünschen begrüßt worden. Am Drei-Königstag, dem 6. Januar, ziehen die Heiligen mit ihrem Stern durch die Dörfer um Segen zu wünschen. Einst war dieser Tag der Pheratha, der Percht – der Leuchtenden – gewidmet. Sie zeigt ab jetzt ihre lichte Seite, ihr Sonnengesicht, um das Wachsen des Lichts zu künden. Trotz kalter Wintertage oder innerer "Frostzeiten" dürfen wir schon auf Wandlungen hoffen und wollen sie fördern.

Dazu treffen wir uns mit anderen, lassen´s uns gutgehen bei Tee, Kaffee, Gebäck oder einem Schluck Wein, genießen anregende Gespräche oder lauschen den Weisheiten der Märchen, um auch unsere Seelenkräfte zu nähren. Vielleicht hat jemand aus der Runde Geburtstag und läd zur feierlichen Begrüßung seines neuen Lebensjahres ein. Selbst bei lockeren Zusammenkünften schmücken wir eine kleine Heilige Mitte auf dem Tisch. Ein weißer Blütenstern, ein knospender Haselzweig, ein Bergkristall als Heilstein erquicken unsere Sinne und heben uns aus dem Alltäglichen heraus. Unsere Unterhaltungen bleiben zentrierter und achtsamer auf das gerichtet, was gerade besprochen wird.

Nach den großen Festzeiten geht es im Januar eine Weile ruhig dahin. Jeden Morgen geht die Sonne um einen "Hirschensprung" früher auf und abends später unter. Bis Lichtmeß ist schon eine Stunde an Tageslicht gewonnen.

Ritual im Schnee

Über Nacht ist Schnee gefallen und bedeckt die Wiesen wie mit einem weichen Seidentuch. Uns lockt´s hinaus zu einem kleinen spontanen Ritual. Wir entzünden ein Licht und tragen es – Kreise ziehend – in einer großen Schneespirale zu deren Mitte. Dort umtanzen wir das symbolische Sonnenlicht in freudigen Sprüngen, wie um es uns einzuverleiben, in uns zum Leben zu erwecken.

Gespannt beobachten wir in nächster Zeit die witterungsbedingten Wandlungen unserer Schneespirale, wie ihre Konturen markant heraustauen und dunkel und hell sich voneinander trennen. Ein passendes Symbol für die Zeit bis Lichtmeß.

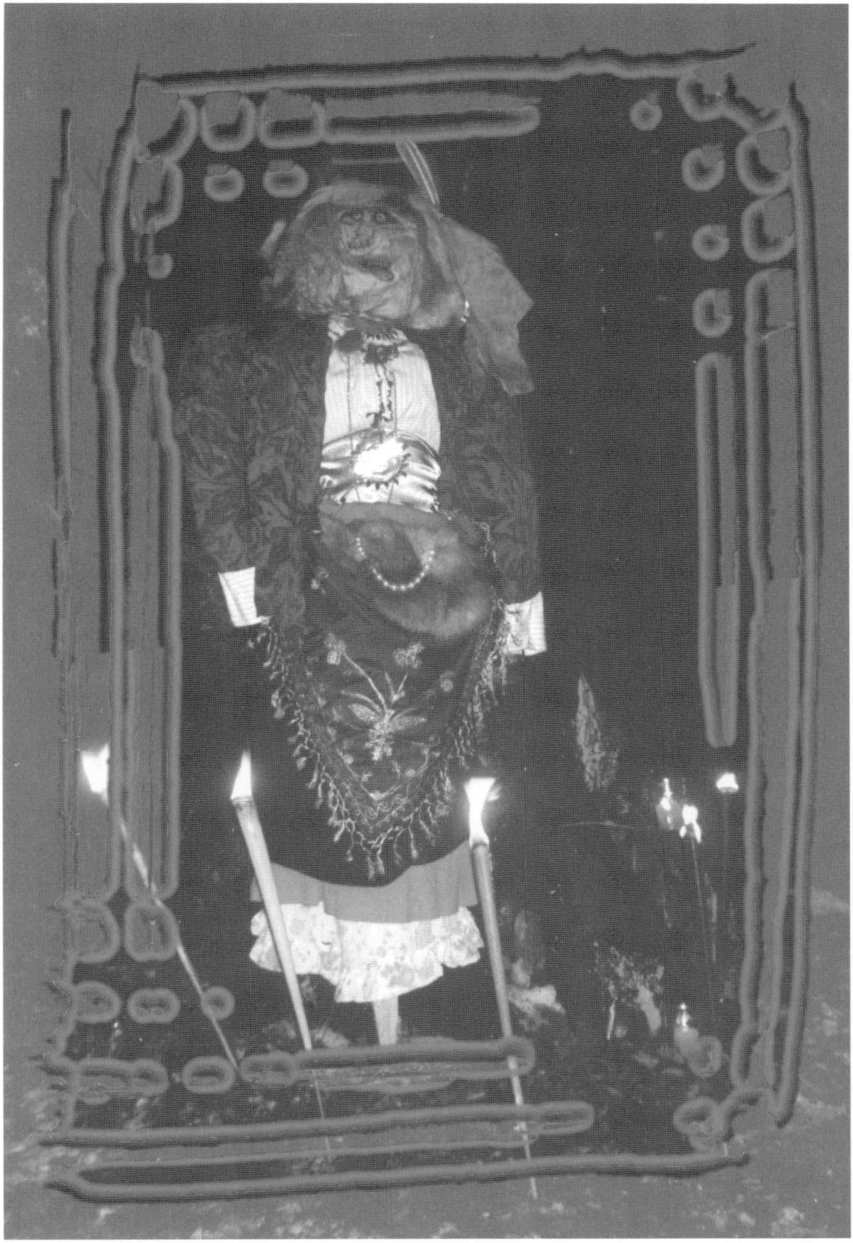

aus dem drachenzyklus

kommt meine drachenschwestern,
zum hain der grossen bäume!
lasst uns rütteln an den stämmen,
bis die knochen niederprasseln,
die da hängen bleich und tot.
mit uns´ren riesenfüssen
woll´n wir tanzen und zertrampeln
die fossilien.
aus den mäulern steigt ein lachen,
das brüllt hinweg den ganzen staub.
mit feuerzungen lecken wir
die äste frei von todeskälte,
bis die blätter wieder grünen
und am zweig orangenfrüchte hängen.

Ritual mit der Drachin

Irgendwann wird uns bewußt, daß wir in manchen Lebenssituationen nicht mehr ohnmächtig auf die Hilfe des Helden, den Drachentöter, warten können, der den Wurm tötet und uns befreit. Uns interessiert der Drache selbst. Warum werden Frauen oft als alter Drachen beschimpft? So machen wir uns während eines Winterrituals in einer Fantasiereise selber auf die Suche. Es gilt eine Lösung für den Umgang mit dem Ungetüm zu finden.

In meiner Bilderschau stehe ich wenig später vor einem geöffneten Höhleneingang und erblicke ein mächtiges Ungeheuer im grausigen Felsloch. Vorsichtig schiebe ich mich an der dunklen Wand entlang einwärts, das Biest im Visier. Unter meinen anstarrenden Blicken wird es allmählich kleiner. Das ermutigt mich. Aus dem Hintergrund kommt leichte Musik und animiert uns beide zu wiegenden Bewegungen. Der Drache reißt sein Riesenmaul auf, es sieht aus, als lache und staune er. Wir schaukeln kräftiger, hin und her, her und hin! Es macht Spaß, wohl auch dem Ungeheuer. Mit einer leichten Verbeugung verabschiede ich mich von ihm und mache mich achtsam rückwärtsgehend, sicherheitshalber, davon.

Wieder in der Waldwirklichkeit unseres Winterplatzes angekommen teilen alle Drachenschwestern ihre Bilderlebnisse miteinander und fühlen sich in der starken Kraft der Drachinnen bei einem urigen Tanz mutig und mächtig. Denn jede von uns muß nun in den Kreis treten und eine Runde drehen, mit einer gräßlichen alten Drachin, die wir aus Lumpenfetzen zusammengebastelt haben. Im schummrigen Licht bekommt die häßliche Alte eine fast magische Ausstrahlung und der Tanz mit ihr ist wie ein Abenteuer. Mit wem und was bin ich Auge in Auge? Halte ich durch? Aber die ermutigenden Zurufe und Gebärden der Freundinnen lassen kein Scheitern zu. Und siehe! Die Kraft ist da, wächst sogar, ich spüre meine Mächtigkeit, bin froh darüber und drehe erleichtert noch ein paar schwungvolle Kreise mit der Drachin.

Zu Fasching wird die Wohnung einer Freundin zur Schlangenhöhle ausstaffiert, in der sich die Drachenweiber vom Würmsee zur wilden Fête tummeln.

Frühlingsanfang! Die Drachensonne sprüht Verwandlung! Und siehe, die häßliche Lumpen-Alte erscheint farbenprächtig herausgeputzt mit Federn, Bändern und Perlenschmuck in mädchenhafter Schönheit.

Auch wir begrüßen in uns die Erneuerung, machen sie spürbar in Lust und Freude am Leben bei Tänzen, Gesprächen und Schmaus.

III Rituale

zu persönlichen Anliegen

Bisher haben wir uns mit Feiern zum Jahreskreis und solchen zu mythologischen Bildern beschäftigt. Oft werden auch Rituale zu persönlichen Anliegen gewünscht. Das können Geburtstage sein, die wichtige Impulse für die Sinnfindung im neuen Lebensjahr geben. Manchmal sind es Übergangs- oder Krisezeiten, zu denen eine entwicklungsfördernde Einstellung zu erarbeiten ist. Eine Freundin bittet um Unterstützung zur Klärung ihrer beabsichtigten Eheauflösung. Ein andermal bemühen wir uns um eine depressive Mitschwester, oder wir zelebrieren ein "Wohlfühlritual" für eine überanstrengte Freundin.

Selbst alle Feiern unseres Lebens wie Taufe, Verlobung, Hochzeit, Jubiläum oder Trauerzeit sind durch eine Zeremonie, die persönliche Belange berücksichtigt, nachhaltig zu bereichern. Nachdem so viele Feste heute nur aus "Essen und Trinken" bestehen, tut es gut, den Sinn eines feierlichen Ereignisses durch ein kleines Ritual herauszuheben.

Bei allen persönlichen Anlässen gilt für die Ausgestaltung, wie schon erwähnt, der umfassende Sinngehalt und die reichhaltige Symbolik des Jahreskreises. Für eine Hochzeit sind die Zeichen des Sommers geeignet, wenn sich zur hohen Zeit des Jahres "Himmel und Erde" miteinander verbinden. Davon lassen sich die Farben und alle Gestaltungsmittel herleiten. Auch aus dem Reichtum mythologischer Quellen kann ergänzt werden. Viele Feiern sind dann Mischungen aus jahreszeitlichen und mythologischen Inhalten. Das erweitert die Möglichkeiten der Gestaltung und vertieft den Sinngehalt. Als Beispiel hierfür ist eine kleine Verlobungszeremonie angeführt.

Zu einer Trauerfeier werden die Symbole der dunklen Zeit mit einbezogen, in der Lichtsymbolik und in hoffnungsträchtigem Grün sowie den Sinnzeichen von Kranz- und Bogenformen für Sarg und Trauerschmuck.

Nachfolgend sind ein paar praktizierte Beispiele beschrieben.

Lebens- und Tauffeier

Das Kind einer alleinstehenden Mutter wird nicht kirchlich getauft. Die junge Frau möchte eine eigene Lebensfeier für das Kleine gestalten.

An einem warmen Frühlingstag versammeln sich Mutter und Kind, die erwählte Patin, einige Verwandte und Freunde im Garten um eine Heilige Mitte aus weißem Seidentuch. Ein zartes Goldband, zur Spirale gelegt, weist auf den begonnenen Lebensweg hin. Weiße Lilien in einem hohen Kelchgefäß stehen für Neubeginn. Auf dem Tuch sind rosafarbene Röschen ausgestreut, sie mögen dem Kind eine glückliche Zukunft verheißen –"rosige Zeiten!" – Den Außenrand der Heiligen Mitte schmücken Symbole für die vier Elemente: Feuer, Wasser, Erde und Luft. Die Mutter hat zur Anrufung der Heiligen Kräfte Gedichte und Texte vorbereitet, die sie zu den rituellen Handlungen vorträgt. Das Kleine soll mit allen Elementen "getauft" werden.

Im Osten, der Richtung des Sonnenaufgangs, erbittet die Patin mit einer schönen großen Lebenskerze, die sie anzündet, den Segen des Elements Feuer. Mit dem Taufwasser in einer Silberschale, es wurde in der Morgenfrühe aus einer Quelle geschöpft, als Wasserelement, vollzieht das Kind fröhlich planschend und spritzend seinen "Taufakt" selbst. Eine mit Erde gefüllte Schale wartet im Westen als Erdelement. Damit ist die Daseinsebene des Lebens gemeint, und mit guten Wünschen dafür, entzünden alle Anwesenden ihre mitgebrachte Kerze und stecken sie in die Schale ein. Dem Norden ist das Luftelement zugeordnet. Hier wohnen Weisheit und Wissen um die geheimen Dinge. Mit Rauch und Düften werden auch diese Kräfte für das Kind erbeten.

In der lebendigen fröhlichen Feierrunde scheint sich das Halbjährige sehr wohl zu fühlen. Es lacht und jauchzt vor Vergnügen, wie um kund zutun, daß die Zeremonie gewirkt hat.

Soviel gutes Geleit mag helfen, die mütterliche Fürsorge zu ergänzen.

"Liebe Leut' wir geben kund
in der Rund', unsern Herzensbund"!
Die Freunde antworten singend:
"Wir kommen all' und gratulieren zur Verlobung euch
und wünschen Glück!"

Verlobungsritual

Anne und Hans haben sich verlobt und wollen das während eines Musikanten- und Tanzfestes in einem kleinen Ritual den Freunden bekanntgeben.

Im Garten liegt ein großer Blumenkranz auf dem Rasen und bildet die Heilige Mitte. Darin steht eine mächtige Schale, gefüllt mit gebackenen Herzen, den Zeichen weiblicher Kraft. Als männliches Symbol ist ein mit Röschen, Grün und Bändern geschmückter Stab eingesteckt. Das Paar zieht in die Mitte ein. Alle Freunde der Tanzrunde schauen ihm erwartungsfroh entgegen. Mit Schale und Stab schreiten nun Anne und Hans am Innenkreis entlang. Dabei ruft Hans laut und stetig wiederholend seinen "Verkündungsspruch", und Anne teilt ihre Herzen aus.

Mit fröhlicher Musikuntermalung überreichen alle nacheinander dem Paar, das wieder die Mitte einnimmt, eine Blume und sagen ihre persönlichen guten Wünsche. Das ist ein Umarmen und Mitfreuen! Die Fröhlichkeit erfaßt die Musikanten, springt über auf die Instrumente und weithin erschallt der Jubel.

Zur Bestärkung dieses Ereignisses bekommen die Glücklichen ein großes Herzsymbol für "Ein Herz und eine Seele!" Alle prosten ihnen mit einem guten Tropfen zu. Ein fröhlicher Tanz mit Partnerwechsel, noch einmal für das Paar, beendet die Zeremonie.

Geburtstagsritual für Jan

Wir sind mit einer tanzbegeisterten Gruppe unterwegs. Da wird bekannt, daß Jan Geburtstag hat. Er wird 61 Jahre alt. Dazu soll ein spontanes Ritual improvisiert werden.

Glücklicherweise läßt sich das rot gemusterte Kopftuch einer der Tanzfrauen rasch und leicht zur kleinen Heiligen Mitte herrichten. Darauf legen wir 61 Steine vom nahen Strand in einer Spirale auf das Tuch. Sie versinnbildlichen die gelebten Jahre. Jan muß sich an die nicht leichte Arbeit machen, die vielen vergangenen Jahre in den steinernen Symbolen zu verabschieden. Sorgsam und besonnen liest er sie nacheinander auf. Ab und zu ertönt ein Seufzen, da mag ihm etwas trauriges eingefallen sein. Aber auch fröhliches Lachen erschallt, wenn freudige Erinnerungen, vielleicht von unseren Tanzreisen, in ihm aufleuchten. Mehrmals muß er mit der "Last" zum Strand, um sie dem Meer "der Ewigkeit" zu überlassen. Nun frei und "schwerelos" geworden, bekommt Jan einen besonders schönen Stein aus der Heiligen Mitte, um damit sein neues Lebensjahr zu begrüßen. Mit Gesang und Tanz feiern wir am Abend in seine neue Zukunft hinein.

Ritual zum Übergang in eine neue Lebensphase

Elisa wird fünfzig und betrachtet dieses Ereignis mit gemischten Gefühlen. Einerseits empfindet sie sich durch die schwindenden Familienpflichten entlastet und erleichtert, andererseits spürt sie Veränderungen, die sie ängstigen. Sie wünscht sich ein Ritual, das ihre Fantasie beflügelt und ihr "neue Räume" erschließen hilft.

Als Symbol des Übergangs, und zu ihrem Wesen passend, wählen wir das Bild der Regenbogenbrücke, die ins goldene Zeitalter hinüberführt, wie Mythen berichten. Diese Brücke ist nicht leicht zu überschreiten, aber am Ende lohnt der "Goldene Topf", den die große Göttin im regenbogenfarbenen Schleiergewand bereithält, wie Barbara Walker in ihrem Buch "Das geheime Wissen der Frauen" beschreibt.

Wir haben 7 Tücher in den Farben des Regenbogen gefärbt und auf der Wiese im Halbrund des goldenen Topfes aufgehängt. Elisa muß mit verbundenen Augen über eine von Bändern gebildete Brücke finden. Auf dem Boden säumen "Steine des Anstoßes" den Weg. Sie sollen von achtsamen Füßen erspürt werden und leiten dann hinüber. Auch feine Töne von Klangspielen weisen die Richtung. Als Elisa das Ziel erreicht, in der Tücherrunde, dem goldenen Topf, ankommt, darf sie sich umschauen und solange sie möchte, mit ihren Gefühlen, Gedanken und Wünschen allein sein. Wir Freundinnen trommeln leise im Hintergrund, damit sich Elisa nicht verlassen fühlt. Nach einer Weile tanzt sie und wir wissen, es geht ihr gut. Die „Regenbogentücher der großen Göttin" bekommt sie als Geschenk der Inspiration mit, denn alle Farben haben in der Heiltradition eine tiefe Bedeutung. Elisa ist Krankenschwester, sie wird sich damit befassen und sicher viele neue Impulse bekommen.

Trauerritual

Julias Mutter war im Herbst gestorben und mit einer üblichen Trauerfeier beigesetzt worden. Danach fühlt sich Julia recht unglücklich. Ihr ist, als habe sie sich noch nicht von ihrer Mutter verabschiedet. Vielleicht gelingt es, das in einem Ritual nachzuholen.

Wir wählen den Perchtentag dazu, wenn ab dieser Zeit Frau Percht als Hüterin der Seelenwelt auch den Menschen wieder mehr ihre lichte Seite zeigt. Im nahen Wald findet Julia einen idyllischen Platz, der unter einer weichen Schneedecke vor sich hinträumt.

Julias Tochter hatte zu St. Kathrein geheiratet, womit sich ein tiefer Wunsch der Großmutter kurz vor ihrem Tod erfüllte. Mit den goldenen Bändern von der Hochzeitstafel legt Julia eine Spirale aus, zum Zeichen der Liebe und familiären Verbundenheit. Sie hat einen schönen Stein mitgebracht, ein Symbol für den Wesenskern ihrer Mutter und trägt ihn auf einer hölzernen Barke. Langsam schreitet sie an der Spirale entlang, von außen nach innen, um über den Lebensweg ihrer Mutter nachzusinnen. Immer wieder verweilt sie, in Erinnerungen versunken und zündet ein Licht dafür an. Wir Freundinnen begleiten ihren Gang mit leisen Trommelschlägen aus dem Hintergrund. Das hatte sich Julia zu ihrer Unterstützung gewünscht. Ein leuchtender Weg wächst aus dem Schnee und Julias schemenhafte Gestalt bekommt Konturen, die sich mehr und mehr vom weißen Hintergrund der eingeschneiten Baumkulisse abheben. Die Kraft und Würde des Geschehens beeindruckt uns tief.

Julia steht jetzt am inneren Ende oder Anfang (?) der Spirale und entzündet die Barke. Ein kleines Feuer flammt um den Stein. Möge alles Belastende der verwandelnden Kraft übergeben sein. Geläutert sinkt der Stein in den kühlenden Schnee. Julia trägt ihn Runde um Runde heraus und gibt ihm einen bergenden guten Platz unter einer jungen Fichte. Da mag er Ruhe finden!

Wir empfangen Julia in unserer Runde, wiegen sie mit sanftem Tönen und holen sie mit Umarmungen und Blickkontakten ins gemeinsame Leben zurück. In der warmen Stube bei Tee und frischgebackenem Hefekranz erzählt uns Julia aus dem gemeinsamen Leben mit ihrer Mutter. Die heilige Mitte auf dem Tisch schmückt ein Bild und eine Gedenkkerze für die Verstorbene. Julia hat das Gefühl, nun ein besseres Verhältnis zum Tod ihrer Mutter zu finden.

Im Mai – zu Sophia – kommen wir bei einem Spaziergang an der Waldlichtung vorbei. Die Sonne scheint herein und aus dem Moos schimmern tausend kleine Blütenkelche wie ein Zeichen der Verwandlung zu neuem Leben. Julia ist beglückt!

Abschiedsritual für Enisa

Rituale für Frieden

Der Krieg in Jugoslawien bedrückt uns sehr. Wir fühlen uns hilflos und ohnmächtig. Ab und zu treffen wir uns zur Friedensmeditation oder tanzen für den Frieden. Dennoch bleibt die bange Fragen offen: Was kann das schon helfen?

Als schlimme Berichte über Mißhandlungen und Vergewaltigungen im Kriegsgebiet bekannt werden, entschließen wir uns zu einem Ritual. Die Bedeutung des Valentintages im Februar erscheint uns dazu passend, wenn man sich in dieser Zeit der aufbrechenden Triebkräfte als Zeichen der Liebe und Zuneigung Blumen schenkt. Diesmal laden wir unsere Männer mit ein, um auch die "andere Seite" zu hören. Wir sprechen und diskutieren lange über die schlimmen Vorkommnisse. Die Meinungen sind unterschiedlich. Schließlich suchen wir nach einer befriedenden Geste. Die Frauen umflechten einen dünnen großen Kranz als weibliches Zeichen. Von den Männern wird ein Stab mit Efeu umwunden und mit Haselzweigen zum "Buschen" gebunden – ein Phallussymbol.

Mit den Gebilden gehen wir hinaus in den Garten und stellen sie dort auf. Den hochgerichteten Kranz schmückt ein gebackenes Liebesherz, und rote Bänder verbinden beide Symbole miteinander. Später zu "Weiberfasching", einem Tag für "wilde Frauen", kommen rote Papierrosen an den Kranz und rote Herzen an den Stab. In wilden Sprüngen umtanzen wir die Gebilde. Wenn wir soviele Kräfte doch endlich friedenstiftend einsetzen könnten!

Die Gelegenheit dazu kommt wenig später. Im Nachbarort wird zu einer Hilfsaktion für Lagerflüchtlinge aufgerufen. Wir beteiligen uns daran. Dem gesammelten Nothilfepaket legen wir eine Anschrift von uns bei. Und tatsächlich, es kommt Antwort zurück. Enisa, eine Bosnierin mit zwei kleinen Buben, möchte zum Schutz ihrer Kinder das Kriegsgebiet verlassen. Es gelingt uns, sie zu holen und in unserer kleinen Frauenrunde für alles Nötige zu sorgen. Das erfordert vielerlei Einsätze und Hilfeleistungen. Auch Schwierigkeiten und Krisezeiten bleiben nicht aus. Immer wieder erfahren wir in dieser Zeit die klärende und hilfreiche Kraft von Ritualen, die auch unsere neue Freundin liebt und gerne mitfeiert. Nach einem Jahr erreichen wir die Einreise für den Ehemann. Alle sind froh und schließen feste Freundschaftsbande. Später kann die Familie nach Amerika emigrieren, wohin noch immer gute Beziehungen gepflegt werden.

Unsere kleine Frauenrunde hat mit "Enisa" eine nicht leichte Prüfung bestanden, und wir sind jetzt alle dankbar für die Herausforderung, die wir im Ritual gerufen und im Leben haben praktizieren müssen.

PEACE + LOVE
FRIEDE
für die ganze
WELT
MIR I LJUBAV

Frauenritual zu Verunglimpfungen

Uns war aufgefallen, daß unser Sprachgebrauch bestimmte Worte und Begriffe dem Weiblichen zuordnet und negativ bewertet. Frauen werden als emotional, wankelmütig, launisch, schwatzhaft, hemmungslos, leichtgläubig, flatterhaft, sinnlich, unlogisch, sentimental, weltfremd, neugierig und vieles mehr bezeichnet. Während eines Lichtmeßrituals – in der Kraft der wiederkommenden Helligkeit – wollten wir die Wahrheit ans Licht bringen.

Schon in Vorgesprächen hatten wir erkannt, daß diese Worte eine positive Gegenseite haben. Das soll im Ritual deutlich werden. Als Sinnbild für die zweifache Bedeutung der Eigenschaften bemalen wir Masken schwarz-weiß. Darin ist zudem die Beziehung zur Jahreszeit als dunkel und hell deutlich. Mit den doppeldeutigen "Kreationen" ziehen wir in unseren Winterplatz ein und hängen den "Spuk" in die Bäume. Mag er mit der dunklen Zeit "verwehen, vergehen"! Von der freien Wiese leuchtet eine Heilige Lichtermitte, zu der wir uns wenden. Dort liegen schön verzierte Medaillons, die mit jeweils einem der Verunglimpfungsbegriffe beschrieben sind. Jede von uns wählt ihr Schmuckstück und stellt dann die angeblich negative Seite ihrer Wortbedeutung in überzeichneten Gesten dar. Das wird ein wildes Durcheinander von schwatzhaften, rührseligen, weinerlichen, launischen Weibern, wobei wir uns köstlich amüsieren.

Später, in einem kleinen Gartentempel, bei wärmendem Getränk, sprechen wir über die positiven Qualitäten der nachgesagten Begriffe. Da zeigt sich die emotionale Frau in der Fähigkeit auch Gefühle zu äußern, die wankelmütige als eine, die mehrere Seiten einer Angelegenheit erwägt, die launische, wenn sie zu ihren Emotionen steht, die sentimentale in der Fähigkeit, tiefe Empfindungen zu haben. So wächst uns ein reiches, wertvolles Spektrum der sonst verunglimpfenden Begriffe zu. Die Medaillons werden uns noch eine Weile daran erinnern, damit wir üben, zu unseren wahren Qualitäten zu stehen, die heute ans Licht kamen.

Ausflüge zu heiligen Orten und Kraftplätzen

Wir lieben Ausflüge zu besonderen Orten. Das sind in unserer Nähe gelegene Kapellen, Kirchen, Klöster oder Plätze mit sonderbaren Namen wie "Teufelsbrunnen" oder "Hexenstein".

Nach der Ankunft verweilen wir erst ein wenig in der Umgebung, umrunden die Stätte, um zu spüren, wie alles auf uns wirkt, welche Besonderheiten uns auffallen. Was strahlt der Ort aus? Sind es angenehme, harmonische, vielleicht belebende Wirkungen? Oder fühlen wir uns unbehaglich, verunsichert, schlecht? Wie ist der Pflanzenwuchs? Sind die Bäume ausgeglichen und schön gewachsen oder zeigen sie ungewöhnliche Krümmungen und Fehlstellen?

Langsam und achtsam nähern wir uns den Gebäuden, einer Kirche, einer Kapelle, einem Turm. Auch da, ruhig und konzentriert, erspüren wir die Ausstrahlung, erfühlen aufmerksam, wie sie auf uns wirkt, öffnen uns der Kraft, dem Energiestrom. Vielleicht überkommen uns innere Bilder. Wir lassen sie zu, als unser persönliches Wahrnehmen.

Später untersuchen wir historische und legendäre Überlieferungen. Mit Hilfe von Mythologie und Symbolik erhalten wir weiteres Hintergrundwissen. Viele alte heilige Orte und Plätze, denen besondere Wirkungen nachgesagt werden, sind zu kirchlichem Nutzen umgewandelt worden. Heilige und Selige zogen ein mit ihren Geschichten. Wir interessieren uns auch für diese Legenden. Oft schimmern ältere Bilder der einst verehrten Kräfte hindurch, von Göttinnen, Göttern, oder anderen Wesenheiten. Das sind uns ergänzende wichtige Kriterien für die Bedeutung eines Ortes. Wenn wir beispielsweise hören, die Heilige des aufgesuchten Klosters sei blind gewesen und habe durch Frömmigkeit das Augenlicht zurückerhalten, so ahnen wir, daß an diesem Ort evtl. tiefere Einsichten, "Hellsichten" zu erlangen sind. Oder es wird in einer Bergkapelle von der bestandenen Feuerprobe einer Seligen erzählt. Vielleicht überdeckt die Legende, daß einst auf dieser Höhe heilige Sommerfeuer brannten.

Es lohnt sich, alle Überlieferungen sorgsam zu beachten. Dabei darf unsere Intuition durchaus mitspielen. Wir sind zu unserer Wirk-lichkeit unterwegs. Für Tatsachen sind Historiker zuständig. Oft überkommen uns beglückende, anregende, sogar aufregende Erlebnisse, wenn wir Orte erspüren und die Mythen dazu erkunden. Auch die Heiligen und Seligen in ihrer erweiterten Bedeutung werden uns liebens- und ehrenswert.

Vielleicht haben sie Freude an unserem kleinen Ritual, einem Tanz, einer Meditation und einer Gabe aus der Heiligen Mitte.

Ausflug zum "Kraftort" Wessobrunn

An einem freundlichen Frühsommertag besuchen wir das abseits gelegene ruhige Wessobrunn. Im weiten Hof des Klosters herrscht friedliche Stille, die uns wohl tut nach den Tagespflichten und der langen Autofahrt. In der Kirche verweilen wir vor dem bräutlichen Bildnis der lilien- und rosenbekränzten "Jungfrau der schönen Liebe". Sie bestätigt uns die schon gefühlte "weibliche Qualität" dieses Ortes. Die kann auch der wuchtige angebliche Wehrturm im Klosterhof nicht verunsichern, der uns eher an Frauentürme der Seherinnen vergangener Zeiten erinnert. Auch zeigt eine Zeichnung im mitgebrachten Sagenbüchlein die drei heiligen Frauen – Barbara, Margareth und Kathrein – in den Bogenfenstern des Turmgibels. Im Mittelalter soll sich die selig gesprochene Diemut von Wessobrunn in einer Zelle eingeschlossen haben um heilige Bücher abzuschreiben. Was mag sie in der Zeit der Visionärinnen vielleicht noch geschrieben haben? Gleich neben dem alten Turm sprudeln drei Brunnen. Da liegt es nahe, ein altes Quellheiligtum zu vermuten, und wir "ehren die Heiligen Gewässer" in würdigen Versen. Gleich hinter der Klostermauer finden wir die uralte Linde. Ihr ausgehöhlter Stamm bietet Raum für uns alle. Wir werden still, um die Mächtigkeit und Ausstrahlung dieser Urkraft zu empfangen. Unter dem Baum soll einst der Bayernherzog Thassilo im Traum den Auftrag zur Gründung des Klosters erhalten haben. Aus dem 9. Jahrhundert ist ein Schöpfungshymnus überliefert, den wir in Stein gehauen, in der Nähe des Eingangs zum Klosterhof lesen und der Ähnlichkeiten mit Überlieferungen aus der Edda, dem Rigveda oder aus apogryphen Schriften aufweist. Welche Bedeutung hatte dieser Ort einst? Träumt er vielleicht jetzt einen Dornröschenschlaf?

Wir lassen uns auf der Klosterwiese nieder, sinnen den vielen Eindrücken nach und erträumen uns dann in inneren Bildern unseren "Frauenturm" auf diesen Platz. Die anschließenden Berichte darüber machen uns großen Spaß. Auch ein Hauch Ernsthaftigkeit kommt auf. Es wird das tiefe Bedürfnis deutlich, das wir gewiß mit vielen anderen Frauen teilen, nach einem Ort der Geborgenheit, zu dem sich´s hin und wieder zurückziehen läßt, um auszuruhen, Kraft zu schöpfen, sich befreit zu fühlen, vielleicht einmal mit sich allein zu sein!.

Wie und wo könnte eine solche "Stätte der Zuflucht" entstehen?

Literatur

Barbara Walker: Das geheime Wissen der Frauen
Barbara Walker: Die weisen Alte
Sonja Rüttner Cova: Frau Holle, die gestürzte Göttin
Heide Göttner-Abendroth: Die tanzende Göttin
Luisa Francia: Mond, Tanz, Magie
Lore Kufner: Getaufte Götter
Lu Lörler: Das Medizinrad
China Galland: Grüne Tara und schwarze Madonna
Caitlin Matthews: Sophia, Göttin der Weisheit
Herbert Fritsche: Sinn und Geheimnis des Jahreslaufs
Arthur Schult: Astrosophie
Dr. Ed Bordeaux Szekely: Die unbekannte Schriften der Essener
Zoltán Szabó: Buch der Runen
Irene Dalichow, Mike Booth: Aura- Soma, Heilung durch Farbe
Don Campbel: Die Heilkraft der Musik
Maria-Gabriele Wosien: Sakraler Tanz
"Kreise ziehen": Zeitschrift für meditativen und sakralen Tanz.

Dank sei allen guten Geistern und hilfreichen Kräften – auch den mitbeteiligten Frauen, Männern und Kindern und ganz besonders den Freundinnen vom Frauenkreis.

Helge Folkerts ist gelernte Erzieherin und studierte sowohl soziale Berufe als auch Bildhauerei und Kunstgeschichte.

Seit mehreren Jahren übt sie ZEN und begleitet als HospizhelferinSterbende auf ihrem letzten Weg.

Die Mutter von 6 Kindern lebt heute in Oberbayern am Starnberger See.

Edition Björn Ulbrich

Das vorliegende Buch ist Band 3 der *Edition Björn Ulbrich,* einer Ratgeber- und Nachschlagebibliothek für modernes naturreligiöses Leben. In dieser Reihe werden in den nächsten Jahren in loser Folge Bücher, Videos und CD's erscheinen.

Bisher erschienen:

- Die geweihten Nächte.
  Rituale der stillen Zeit. Ein Ratgeber für Weihnachten. (Buch, Band 1)
- Erwachsenwerden in der Wildnis.
  Visionssuche mit Jugendlichen. (VHS-Video, Band 2)
- Der Jahreskreis.
  Ein farbiges Jahreszeitenposter im Format A1. (Poster, Band 4)

Folgende Themen sind u.a. geplant:

- Sinngebäck und Gebildbrot im Rad des Jahres.
- Die Hohe Zeit. Rituale und Zeremonien für Hochzeit und Scheidung.
- Die Farben der Ekstase. Bodypainting, Tattoo, Piercing, Scaring, Branding und Masken im Ritual.

Sie können sich daran beteiligen, indem Sie:

- Uns Fotos und kleinere Texte über verschiedene Rituale zur Verfügung stellen, die wir in bestehende oder neue Projekte einbauen können.
- Genug Material für ein eigenes Büchlein gesammelt haben.
- Uns Kontakte zu interessanten Personen vermitteln.
- Uns einfach Ihre Meinung zu dem vorliegenden Büchlein sagen.

Bezugsquelle

für farbige Tücher, Trommeln, weiterführende Literatur und das Jahreszeitenposter: GAIA-Versand für Naturreligion, Schamanismus und Spirituelle Ökologie, Mühle im Hexengrund, D-07407 Engerda, Tel.: 036743-23312, Fax: 036743-23317, email: service@gaia-versand.de, Internet: www.gaia-versand.de.